I0698734

REVENUE MANAGEMENT PARA HOTELES RURALES

DAVID SANDUA

*"El éxito en la hotelería se basa en la capacidad de ofrecer
una experiencia única y memorable a los huéspedes"*

Horst Schulze

ÍNDICE

I. INTRODUCCIÓN

La gestión de los ingresos es un aspecto fundamental para el éxito de un negocio hotelero, independientemente de su ubicación. Para los hoteles rurales, puede resultar especialmente difícil debido a diversos factores propios de su entorno. En este ensayo exploraremos la importancia de la gestión de ingresos para los hoteles rurales y debatiremos las estrategias y técnicas que pueden aplicarse para optimizar la generación de ingresos. Comprendiendo y aplicando prácticas eficaces de gestión de ingresos, los hoteles rurales pueden superar los retos a los que se enfrentan y maximizar su rentabilidad. Es crucial que los propietarios y gestores de hoteles rurales adquieran una sólida comprensión de los principios de la gestión de ingresos y los apliquen en sus operaciones cotidianas. En los siguientes apartados, profundizaremos en los retos específicos a los que se enfrentan los hoteles rurales y examinaremos las distintas estrategias de gestión de ingresos que pueden emplearse para afrontarlos. También exploraremos el papel de la tecnología en la gestión de ingresos y su potencial para mejorar el rendimiento general de los hoteles rurales. Ofreceremos recomendaciones y mejores prácticas para que los propietarios y gestores de hoteles rurales optimicen la generación de ingresos. Este ensayo pretende arrojar luz sobre la importancia de la gestión de ingresos en el contexto de los hoteles rurales y ofrecer ideas prácticas para mejorar sus resultados financieros.

DEFINICIÓN DE REVENUE MANAGEMENT

La gestión de ingresos o revenue management se refiere a la práctica estratégica de maximizar los ingresos y optimizar los beneficios de una empresa. Implica el proceso sistemático de fijación de precios de productos y servicios para lograr un equilibrio entre la satisfacción del cliente y la rentabilidad de la empresa. Esta práctica es especialmente importante en el sector hotelero, donde los hoteles se enfrentan al reto de maximizar los ingresos al tiempo que satisfacen las distintas demandas de sus clientes. La gestión de los ingresos exige analizar los datos y las tendencias del mercado para fijar los precios en distintos momentos y para distintos segmentos de clientes. Al conocer las preferencias y el comportamiento de los consumidores, los hoteles pueden asignar eficazmente sus recursos e influir en la demanda. Esto les permite ofrecer diferentes tarifas y paquetes en función de factores como la estacionalidad, el día de la semana y la demanda prevista. En esencia, la gestión de ingresos consiste en encontrar el precio óptimo para cada producto o servicio con el fin de lograr la máxima rentabilidad. Aplicando eficazmente las estrategias de gestión de ingresos, los hoteles pueden, en última instancia, aumentar su cuota de mercado, atraer a una base de clientes más amplia y mejorar sus resultados financieros. La gestión de ingresos es una herramienta esencial para que los hoteles sigan siendo competitivos en el dinámico y cambiante mercado actual. Les permite adaptarse a las fluctuaciones de la demanda y tomar decisiones informadas sobre precios, control de inventario y estrategias de marketing. Analizando cuidadosamente las condiciones del mercado y el comportamiento de los clientes, los hoteles pueden optimizar su potencial de ingresos y maximizar la rentabilidad. Así pues, la gestión de ingresos es una práctica indispensable para los hoteles que buscan el éxito a largo plazo en el sector.

IMPORTANCIA DEL REVENUE MANAGEMENT PARA LOS HOTELES

Un aspecto esencial para dirigir con éxito un negocio hotelero, sobre todo en una zona rural, es el revenue management. El revenue management consiste en optimizar el precio y la disponibilidad de las habitaciones del hotel para maximizar los ingresos y la rentabilidad. Aplicando estrategias de revenue management, los hoteles pueden responder eficazmente a los cambios en la demanda, las condiciones del mercado y las preferencias de los clientes. Para los hoteles rurales, el revenue management es especialmente crucial debido al carácter estacional del turismo en estas zonas. Durante las temporadas altas, como las vacaciones o las fiestas locales, los hoteles de las zonas rurales experimentan una gran demanda y pueden cobrar tarifas más altas. Por el contrario, durante las temporadas bajas, los hoteles pueden tener dificultades para atraer huéspedes y tener que bajar los precios para seguir siendo competitivos. Utilizando técnicas de revenue management, los hoteles rurales pueden determinar la estructura óptima de precios y elaborar estrategias para aumentar las tasas de ocupación durante los periodos bajos. El revenue management permite a los hoteles identificar y dirigirse a segmentos específicos de clientes, como viajeros de negocios o familias de vacaciones, ofreciendo paquetes y promociones a medida. Gestionando eficazmente los ingresos, los hoteles rurales pueden estabilizar sus operaciones y garantizar la sostenibilidad a largo plazo, incluso ante las fluctuaciones de la demanda y las condiciones del mercado. La revenue management desempeña un papel vital en el éxito de los hoteles rurales, ya que les permite adaptarse a la dinámica cambiante del mercado, optimizar las estrategias de precios y atraer a los segmentos de clientes objetivo. No se puede exagerar su importancia en el altamente competitivo sector de la hostelería, donde es primordial maximizar los beneficios manteniendo la satisfacción de los huéspedes. Para prosperar en el dinámico e impredecible mercado actual, los hoteles rurales deben adoptar el revenue management como parte integrante de su estrategia empresarial global.

ESTRATEGIAS DE REVENUE MANAGEMENT PARA HOTELES RURALES

Para que los hoteles rurales maximicen su potencial de ingresos, es fundamental conocer a fondo las estrategias de revenue management. Una de ellas es la aplicación de precios dinámicos. Esto implica ajustar las tarifas de las habitaciones en función de factores como la demanda, la estacionalidad y los acontecimientos locales. Durante las temporadas altas de viajes o eventos populares en la zona rural, los hoteles pueden optimizar sus ingresos aumentando las tarifas de sus habitaciones. Por el contrario, durante los periodos más flojos o fuera de temporada, los hoteles pueden atraer a más huéspedes ofreciendo tarifas con descuento. Otra estrategia clave de revenue management para los hoteles rurales es el uso eficaz de los canales de distribución. Aprovechando diversas agencias de viajes y plataformas de reservas en línea, los hoteles rurales pueden ampliar su alcance y atraer a una base de clientes más amplia. Los hoteles también pueden explorar asociaciones con organizaciones turísticas locales y agencias de viajes para aumentar su visibilidad ante los huéspedes potenciales. Aplicar estrategias de marketing eficaces es esencial para maximizar los ingresos. Los hoteles rurales pueden utilizar campañas de marketing específicas para llegar a segmentos concretos de clientes, como parejas que buscan escapadas románticas o familias que buscan aventuras al aire libre. Al adaptar sus mensajes y promociones de marketing a estos segmentos, los hoteles pueden atraer más reservas y aumentar sus ingresos. Los hoteles rurales pueden diferenciarse y atraer a más clientes ofreciendo experiencias y servicios únicos. Por ejemplo, organizando visitas guiadas a la zona, ofreciendo experiencias gastronómicas de la granja a la mesa con ingredientes de origen local, u ofreciendo actividades al aire libre como senderismo o pesca. Al crear experiencias memorables para los huéspedes, los hoteles rurales pueden aumentar sus posibilidades de repetir las visitas y las recomendaciones positivas de boca en boca, lo que puede generar mayores ingresos. Además, es crucial que los hoteles rurales gestionen eficazmente su inventario para maximizar sus ingresos. Esto puede lograrse utilizando técnicas de gestión del rendimiento, como ajustar las estancias mínimas por noche, aplicar restricciones a determinados tipos de habitación o introducir ofertas de paquetes para fomentar estancias más largas. Gestionando estratégicamente su inventario, los hoteles pueden maximizar su potencial de ingresos y garantizar unos niveles óptimos de ocupación. Por último, es importante que los hoteles rurales inviertan en tecnología y análisis de datos para apoyar sus esfuerzos de revenue management. Con los programas y sistemas de revenue management, los hoteles pueden obtener información valiosa sobre las tendencias del mercado, las preferencias de los clientes y las pautas de reserva. Estos datos pueden utilizarse para hacer una previsión rentable e identificar áreas de mejora. En general, los hoteles rurales deben adoptar un enfoque integral de revenue management que incluya precios dinámicos, distribución eficaz, marketing específico, experiencias personalizadas, gestión del inventario y tecnología para maximizar su potencial de ingresos y garantizar el éxito a largo plazo.

II. ENTENDER EL MERCADO

Para que un hotel gestione eficazmente sus ingresos, debe conocer a fondo el mercado en el que opera. Esto incluye conocer las pautas de la demanda, la competencia y las tendencias generales del mercado. Al conocer las pautas de la demanda, el hotel puede ajustar sus precios y disponibilidad para maximizar los ingresos. Si el hotel sabe que los fines de semana son periodos de gran demanda, puede aumentar los precios de esas noches para captar ingresos adicionales. Por el contrario, si los días de entre semana suelen tener menos demanda, el hotel puede ofrecer promociones o tarifas con descuento para atraer a más huéspedes en esos momentos. Comprender a la competencia es esencial para el revenue management. Analizando las estrategias de precios y las ofertas de los competidores, el hotel puede posicionarse competitivamente y tomar decisiones de precios en consecuencia. Si un hotel cercano ofrece una tarifa más baja por un tipo de habitación similar, el hotel puede plantearse ajustar sus tarifas para seguir siendo competitivo. Seguir las tendencias del mercado es vital para el revenue management. Esto incluye mantenerse informado sobre los principales acontecimientos o festivales de la zona que puedan afectar a la demanda de habitaciones de hotel. Al conocer estas tendencias de antemano, el hotel puede hacer ajustes proactivos en sus precios y disponibilidad para captar el aumento de la demanda. Comprender el mercado es un componente fundamental del revenue management, ya que permite al hotel tomar decisiones informadas sobre precios, promociones y control de inventario.

REALIZAR ESTUDIOS DE MERCADO PARA IDENTIFICAR A LOS CLIENTES OBJETIVO

Aunque realizar estudios de mercado es crucial para cualquier empresa, reviste especial importancia para un hotel rural. Para identificar eficazmente a los clientes objetivo, debe adoptarse un enfoque global. Un aspecto importante de la investigación de mercado consiste en analizar los datos demográficos. Examinando factores como la edad, el nivel de ingresos y la ubicación, el hotel puede hacerse una idea del perfil de sus clientes potenciales. Si la investigación revela que la mayoría de los visitantes de la zona son adultos mayores que buscan un retiro tranquilo, el hotel puede adaptar sus servicios y comodidades para atender a este grupo demográfico específico. Realizar un estudio de mercado permite al hotel identificar tendencias y preferencias entre los clientes potenciales. Esto puede conseguirse mediante encuestas, entrevistas o estudiando informes de mercado y publicaciones del sector. Al desenterrar información sobre las preferencias de los clientes, como las actividades preferidas, los requisitos dietéticos o los servicios específicos deseados, el hotel puede personalizar aún más sus ofertas para atraer a su mercado objetivo. Analizar las actividades de la competencia en el mercado de los hoteles rurales es otro componente esencial de la investigación de mercado. Estudiando las estrategias, ofertas y precios de los competidores, el hotel puede obtener una ventaja competitiva y asegurarse de que sus propias ofertas son únicas y atractivas para los clientes objetivo. La investigación de mercado puede ayudar al hotel a identificar lagunas u oportunidades sin explotar en el mercado, lo que puede conducir a estrategias innovadoras y nuevas fuentes de ingresos. Si la investigación revela una falta de opciones de alojamiento para familias en la zona, por ejemplo, el hotel podría plantearse añadir suites familiares u ofrecer paquetes y actividades especiales para niños. Utilizar la investigación de mercado en general ayuda a los hoteles rurales a conocer en profundidad a sus clientes objetivo, lo que les permite personalizar sus ofertas y estrategias para satisfacer mejor sus necesidades y preferencias. El hotel puede posicionarse como la mejor opción para sus clientes objetivo Analizando los datos demográficos, identificando tendencias y preferencias, estudiando a los competidores e identificando lagunas en el mercado, esto conducirá a un aumento de los ingresos y al éxito en el mercado.

ANALIZAR A LOS COMPETIDORES Y SUS ESTRATEGIAS DE PRECIOS

Al comprender cómo fijan los competidores el precio de sus habitaciones y servicios, un hotel puede posicionarse estratégicamente en el mercado y optimizar sus ingresos. Una forma de analizar a los competidores es realizar un análisis competitivo, que implica evaluar diversos aspectos como los precios, las ofertas y el mercado objetivo. Examinando las estrategias de precios de los competidores, un hotel puede identificar posibles oportunidades de diferenciación y ventaja competitiva. Si la mayoría de los competidores de la zona ofrecen alojamientos de lujo a precios elevados, un hotel rural puede centrarse en atraer a clientes sensibles al precio ofreciendo habitaciones asequibles pero cómodas. Por otra parte, si los competidores se han posicionado como opciones asequibles, el hotel rural puede diferenciarse ofreciendo experiencias únicas o servicios adicionales para atraer a clientes dispuestos a pagar una prima. Analizar las estrategias de precios de los competidores puede ayudar al hotel a determinar los precios óptimos de su propia oferta. Si los competidores tienen sistemáticamente precios altos en temporada alta y precios bajos en temporada baja, el hotel rural puede plantearse aplicar estrategias de precios dinámicos para ajustar sus tarifas en consecuencia. Ofreciendo precios competitivos durante los periodos de alta demanda y precios más bajos durante los periodos de baja demanda, el hotel puede atraer a una amplia gama de clientes al tiempo que maximiza los ingresos. Analizar las estrategias de precios de la competencia puede proporcionar información sobre las tendencias y fluctuaciones del mercado. Al controlar los cambios de precios de la competencia, un hotel puede identificar tendencias y ajustar su propia estrategia de precios en consecuencia. Si la competencia sube constantemente sus precios, esto puede indicar un aumento de la demanda y el hotel puede plantearse ajustar sus tarifas para captar ingresos adicionales. Por el contrario, si los competidores bajan sus precios, esto puede indicar una disminución de la demanda y el hotel puede ajustar sus tarifas para seguir siendo competitivo y atraer clientes. Además, el análisis de las estrategias de precios de la competencia puede ayudar a un hotel rural a valorar su propia propuesta de valor. El hotel puede localizar áreas en las que puede mejorar comparando lo que ofrecen los competidores con la oferta del hotel. Por ejemplo, si los competidores ofrecen un desayuno gratuito, el hotel rural puede plantearse implantar una oferta similar para aumentar su propuesta de valor y atraer a más clientes. Analizar a los competidores y sus estrategias de precios es, por tanto, una parte esencial del revenue management de un hotel rural. Comprendiendo la dinámica del mercado, encontrando oportunidades potenciales y siendo competitivo, un hotel puede optimizar sus ingresos y mantener un negocio sostenible en un entorno rural.

IDENTIFICAR LOS PUNTOS DE VENTA ÚNICOS DEL HOTEL RURAL

Para aplicar eficazmente estrategias de revenue management a un hotel rural, es crucial identificar los puntos de venta únicos que lo diferencian de otros alojamientos de la zona. Estos puntos de venta únicos pueden servir como diferenciadores clave y atraer a mercados objetivo específicos. Un posible punto de venta único de un hotel rural puede ser su entorno pintoresco y su ambiente tranquilo. Esto puede atraer a huéspedes que buscan escapar del ajetreo y el bullicio de la vida urbana. Ofrecer a los huéspedes la oportunidad de volver a conectar con la naturaleza y disfrutar de actividades al aire libre, como senderismo, ciclismo o pesca, puede aumentar aún más el atractivo del hotel rural. La ubicación del hotel puede estar cerca de atracciones turísticas populares o lugares de interés, lo que puede destacarse como otro punto de venta único. Los huéspedes interesados en explorar la cultura y la historia locales pueden sentirse atraídos por un hotel rural que facilite el acceso a estas atracciones. Un hotel rural puede diferenciarse por su servicio personalizado y su atención a los detalles. Pequeños detalles como dar la bienvenida a los huéspedes por su nombre, anticiparse a sus necesidades y ofrecer recomendaciones personalizadas sobre actividades locales u opciones gastronómicas pueden crear una experiencia memorable para los huéspedes y aumentar su probabilidad de volver o de recomendar el hotel a otras personas. Otro argumento de venta único puede ser el enfoque del hotel en la sostenibilidad y las prácticas ecológicas. Muchos viajeros son cada vez más conscientes de su impacto medioambiental y buscan activamente un alojamiento que se ajuste a sus valores. Mediante la puesta en marcha de iniciativas ecológicas, como programas de reciclaje de iluminación de bajo consumo y productos de origen local, un hotel rural puede atraer a huéspedes preocupados por el medio ambiente y posicionarse como una opción responsable y sostenible. Además, un hotel rural puede tener un argumento de venta único en forma de instalaciones y servicios in situ. Puede incluir un gimnasio, un spa, una piscina o un restaurante que ofrezca comida de la granja a la mesa. Destacando estas comodidades, un hotel rural puede atraer a huéspedes que desean un tipo de actividades recreativas o una cena cómoda sin renunciar al lugar. Por último, un hotel rural puede distinguirse mediante asociaciones o cooperaciones con empresas locales de artesanos o agricultores. Esto puede incluir mostrar y vender productos locales u ofrecer experiencias únicas como visitas a granjas o clases de cocina. Promoviendo estas asociaciones, un hotel rural puede atraer a huéspedes interesados en apoyar las economías locales y experimentar la cultura local. Para que la revenue management tenga éxito, es esencial identificar los puntos de venta exclusivos de un hotel rural. Comprendiendo lo que diferencia al hotel de sus competidores, se pueden desarrollar estrategias de marketing específicas para atraer a segmentos concretos de huéspedes. Cada punto de venta único añade valor al hotel rural y puede contribuir a su éxito a largo plazo, ya sea el pintoresco entorno, el servicio personalizado, las prácticas ecológicas, los servicios in situ o las asociaciones locales.

III. ESTRATEGIAS DE PRECIOS

Una estrategia de precios eficaz es la fijación de precios diferenciales, que consiste en cobrar precios distintos por el mismo producto o servicio en función de factores como la demanda, la época del año o el segmento de clientes. Durante las temporadas altas, cuando la demanda es elevada, el hotel puede cobrar un precio superior por sus habitaciones. En cambio, durante las temporadas valle, cuando la demanda es baja, el hotel puede ofrecer tarifas con descuento para atraer clientes. Esta estrategia ayuda a optimizar los ingresos maximizándolos durante los periodos de alta demanda y minimizando la pérdida de ingresos durante los periodos de baja demanda. Otra estrategia de precios a tener en cuenta es la fijación dinámica de precios, que consiste en ajustar los precios en función de los datos en tiempo real y las condiciones del mercado. Con ayuda de la tecnología, los hoteles pueden controlar los patrones de demanda, los precios de la competencia y otros factores del mercado para determinar el precio óptimo de sus habitaciones. Fijando precios que se ajusten a la demanda y a la percepción de valor de los clientes, el hotel puede maximizar los ingresos y la rentabilidad. Además de los precios diferenciales y los precios dinámicos, otra estrategia a tener en cuenta es la agrupación de precios. La agrupación de precios consiste en vender varios productos o servicios juntos como un paquete a un precio con descuento. Un hotel rural puede ofrecer un paquete de escapada de fin de semana que incluya alojamiento, comidas y actividades recreativas a un precio más bajo que si estos artículos se compraran por separado. La agrupación de precios no sólo incentiva a los clientes a comprar más, sino que también ayuda al hotel a aumentar la ocupación y los ingresos vendiendo una combinación de servicios. Aplicar una estrategia de precios basada en la demanda puede ser beneficioso para un hotel rural. Los precios basados en la demanda consisten en fijar los precios en función de las fechas y horas concretas en que la demanda es mayor o menor. Un hotel situado cerca de una atracción turística popular puede cobrar tarifas más altas en temporada alta y más bajas en temporada baja para atraer a más clientes. Ajustando los precios en función de la demanda, el hotel puede aprovechar los periodos de mayor demanda y ofrecer precios competitivos en los periodos de menor demanda para atraer a viajeros con un presupuesto ajustado. Aplicar una estrategia de precios escalonados puede ser eficaz para un hotel rural. Los precios escalonados consisten en ofrecer distintos niveles de servicio o comodidades a distintos precios. Un hotel puede ofrecer habitaciones estándar a un precio más bajo y habitaciones o suites mejoradas a precios más altos. Esta estrategia permite al hotel atender a distintos segmentos de clientes con presupuestos y preferencias diferentes. Al ofrecer una gama de opciones, el hotel puede captar un mercado más amplio y generar más ingresos. Las estrategias de precios son esenciales para el revenue management en un hotel rural. Los precios diferenciales, los precios dinámicos, la agrupación de precios, los precios basados en la demanda y los precios por niveles son estrategias eficaces que pueden ayudar a optimizar los ingresos y maximizar la rentabilidad. Evaluando cuidadosamente las condiciones del mercado, las preferencias de los clientes y los puntos de venta exclusivos del hotel, los hoteles rurales pueden aplicar estrategias de precios que atraigan a los clientes, aumenten los índices de ocupación y, en última instancia, impulsen el crecimiento de los ingresos.

FIJAR PRECIOS COMPETITIVOS BASADOS EN EL ANÁLISIS DEL MERCADO

Fijar precios competitivos para un hotel rural basándose en el análisis del mercado es crucial para maximizar los ingresos y seguir siendo competitivo en el sector. El análisis de mercado implica estudiar las estrategias de precios de los competidores, la demanda de los consumidores y los factores económicos que pueden influir en los precios. Realizando un análisis exhaustivo, un hotel puede determinar el rango de precios ideal que no sólo atraiga a los clientes, sino que también proporcione un margen de beneficios razonable. El primer paso para fijar precios competitivos es evaluar la oferta y los precios de hoteles similares de la zona. Esto puede hacerse investigando en Internet, analizando folletos o materiales de marketing, o incluso haciendo visitas personales a la competencia. Al conocer los precios que cobran los competidores, un hotel puede determinar en qué punto se encuentra en comparación y hacer los ajustes oportunos. Analizar la demanda de los consumidores es crucial para fijar precios competitivos. Los estudios de mercado pueden ayudar a identificar las temporadas altas y bajas, así como los acontecimientos o atracciones específicas que atraen a los turistas a la zona. Este conocimiento permite al hotel ajustar los precios en función del nivel de demanda, maximizando los ingresos durante los periodos de alta demanda y atrayendo clientes durante los periodos de baja demanda. Los factores económicos también desempeñan un papel importante a la hora de fijar precios competitivos. Factores como la inflación, los tipos de cambio y la estabilidad económica pueden influir en el poder adquisitivo de los consumidores y en su disposición a pagar determinados precios. Es importante que un hotel tenga en cuenta estos factores a la hora de fijar los precios para asegurarse de que son atractivos para los clientes y sostenibles para el negocio. Fijar precios competitivos para un hotel rural basándose en el análisis del mercado requiere un conocimiento profundo de la competencia, la demanda de los consumidores y los factores económicos. Realizando un análisis exhaustivo, un hotel puede determinar la gama de precios ideal que atraiga a los clientes y proporcione un margen de beneficios razonable. Este enfoque permite al hotel maximizar los ingresos y seguir siendo competitivo en el sector.

UTILIZAR PRECIOS DINÁMICOS PARA MAXIMIZAR LOS INGRESOS

Los precios dinámicos son una valiosa estrategia para maximizar los ingresos en el sector hotelero. Ajustando los precios en tiempo real en función de factores como la demanda, la disponibilidad y las condiciones del mercado, los hoteles pueden optimizar eficazmente su potencial de ingresos. Si se aplican correctamente, los precios dinámicos pueden dar lugar a tarifas por habitación más altas en los periodos de mayor demanda y más bajas en los de menor demanda, lo que garantiza que los hoteles puedan maximizar sus ingresos en todas las temporadas. Los precios dinámicos permiten a los hoteles aprovechar las condiciones cambiantes del mercado ajustando rápidamente los precios para reflejar la oferta y la demanda actuales. Esta capacidad de adaptar los precios en tiempo real garantiza que los hoteles no pierdan ingresos potenciales en periodos de alta demanda ni dejen habitaciones vacías en periodos de baja demanda. Los precios dinámicos pueden emplearse para dirigirse a segmentos específicos de clientes y optimizar los ingresos procedentes de distintos segmentos de mercado. Ajustando estratégicamente los precios en función de los patrones de demanda de varios segmentos de clientes, los hoteles pueden atraer a una gama más amplia de clientes sin comprometer los ingresos globales. Da a los hoteles la flexibilidad de ofrecer descuentos a los clientes sensibles a los precios, mientras cobran tarifas más elevadas a los clientes dispuestos a pagar una prima. Este enfoque específico de los precios permite a los hoteles maximizar los ingresos atendiendo a las necesidades de los distintos segmentos del mercado y monetizando eficazmente su oferta de productos. Los precios dinámicos pueden ayudar a los hoteles a gestionar la incertidumbre y minimizar el riesgo de pérdida de ingresos por cancelaciones de última hora o no presentación. Estableciendo distintas políticas de reserva y ajustando los precios en función de ellas, los hoteles pueden incentivar a los clientes a reservar tarifas no reembolsables o reservas pagadas por adelantado, reduciendo las posibilidades de cancelación y minimizando las pérdidas de ingresos. Los precios dinámicos pueden ayudar a los hoteles a optimizar los ingresos por servicios complementarios y las oportunidades de venta. Ajustando los precios de los complementos, como los paquetes de desayuno, el acceso Wi-Fi o las mejoras de habitación, los hoteles pueden captar ingresos adicionales de los huéspedes que estén dispuestos a pagar por estos servicios. Esto no sólo aumenta los ingresos totales, sino que también mejora la experiencia de los huéspedes al ofrecerles la opción de personalizar su estancia según sus preferencias y presupuesto. Los precios dinámicos pueden aplicarse a otras fuentes de ingresos del hotel, como la venta de espacios para eventos, salas de reuniones o servicios de spa. Ajustando los precios en función de la demanda y la disponibilidad, los hoteles pueden optimizar también los ingresos procedentes de estas fuentes de ingresos ajenas a las habitaciones. Utilizar precios dinámicos es una estrategia crucial de revenue management para los hoteles, sobre todo en el contexto rural. Ajustando los precios en tiempo real, los hoteles pueden maximizar el potencial de ingresos, adaptarse a las condiciones cambiantes del mercado, dirigirse a segmentos específicos de clientes, mitigar los riesgos, optimizar los ingresos de los servicios auxiliares y capitalizar las fuentes de ingresos no procedentes de las habitaciones. Con las herramientas y estrategias adecuadas, los hoteles pueden aplicar eficazmente los precios dinámicos y liberar todo su potencial de ingresos.

APLICAR LA DIFERENCIACIÓN DE PRECIOS EN FUNCIÓN DE LOS SEGMENTOS DE CLIENTES

Otra estrategia clave para el revenue management de un hotel rural es diferenciar los precios en función de los segmentos de clientes. Analizando los distintos segmentos de clientes y su disposición a pagar, el hotel puede ajustar sus precios para maximizar los ingresos. Los viajeros de negocios pueden estar dispuestos a pagar un precio más alto por la comodidad y los servicios ofrecidos, mientras que los viajeros de ocio pueden ser más sensibles a los precios. El hotel puede ofrecer paquetes especiales o descuentos para familias o grupos, atrayendo un mayor número de reservas y aumentando los índices de ocupación durante los periodos más tranquilos. El hotel puede dirigirse a segmentos específicos durante las temporadas valle, como ofrecer tarifas con descuento para personas mayores o paquetes especiales para parejas en escapadas románticas. Adaptando la estrategia de precios a los distintos segmentos de clientes, el hotel puede optimizar sus ingresos y lograr un equilibrio entre atraer nuevos clientes y maximizar la rentabilidad. Emplear técnicas de precios dinámicos también puede ser beneficioso en este sentido. Controlando y ajustando continuamente los precios en función de factores como la demanda, la oferta y los precios de la competencia, el hotel puede responder a las fluctuaciones del mercado y aprovechar las oportunidades de aumentar los ingresos. En periodos de gran demanda, el hotel puede subir los precios para captar todo el valor de los clientes dispuestos a pagar más. Por otra parte, durante los periodos de baja demanda, el hotel puede ofrecer tarifas con descuento para estimular la demanda y atraer a clientes que, de otro modo, podrían elegir alojamientos alternativos. Utilizando análisis y tecnología avanzados, el hotel puede aplicar estrategias de precios en tiempo real que permitan ajustes instantáneos en respuesta a los cambios del mercado. Si el hotel observa un aumento repentino de la demanda de un tipo de habitación concreto, puede subir rápidamente el precio para aprovechar la mayor disposición a pagar. A la inversa, si se produce un descenso repentino de la demanda, el hotel puede bajar inmediatamente el precio para mitigar cualquier posible pérdida de ingresos. Aplicar una diferenciación de precios basada en los segmentos de clientes y utilizar técnicas de precios dinámicos no sólo ayuda al hotel a maximizar los ingresos, sino que también mejora la experiencia general del cliente. Al ofrecer opciones de precios a medida, los clientes sienten que obtienen el mejor valor por su dinero, lo que aumenta la satisfacción y la fidelidad de los clientes. Gracias al aumento de los ingresos, el hotel puede invertir en seguir mejorando sus instalaciones y servicios, mejorando aún más la experiencia del huésped. Analizando sistemáticamente las preferencias de los clientes y ajustando los precios en consecuencia, el hotel puede mantener una ventaja competitiva en un mercado rural y aumentar su cuota de mercado. La diferenciación de precios en función de los segmentos de clientes y la utilización de estrategias de precios dinámicos son cruciales para el revenue management de un hotel rural. Al conocer las necesidades y preferencias de los distintos segmentos de clientes, el hotel puede adaptar sus precios para maximizar los ingresos y ofrecer el mejor valor a sus huéspedes. El uso de análisis avanzados y técnicas de fijación de precios en tiempo real permite al hotel adaptarse rápidamente a los cambios del mercado y aprovechar las fluctuaciones de la demanda para optimizar los ingresos. Mediante estas estrategias, el hotel no sólo puede aumentar la rentabilidad, sino también mejorar la experiencia general del huésped, fomentar la fidelidad del cliente y obtener una ventaja competitiva en el mercado rural.

IV. PREVISIÓN DE LA DEMANDA

La previsión de la demanda es un aspecto esencial del revenue management de un hotel rural, ya que permite al establecimiento anticiparse y planificar los patrones futuros de la demanda. El hotel puede predecir con exactitud la demanda de sus habitaciones y ajustar sus estrategias de precios analizando los datos históricos y las tendencias del mercado. Este proceso de previsión implica el uso de diversas herramientas y técnicas analíticas para estimar la demanda futura en periodos concretos, como diario, semanal o mensual. La previsión de la demanda también tiene en cuenta varios factores que pueden influir en la demanda, como la estacionalidad, los acontecimientos locales y las condiciones económicas. Al comprender estos factores y prever con precisión la demanda, los hoteles rurales pueden maximizar sus ingresos Equilibrando la oferta de habitaciones con la demanda prevista. Esto permite al negocio maximizar las tasas de ocupación y el potencial de ingresos. Un sistema moderno de previsión de la demanda también permite a los directores de hotel tomar decisiones informadas sobre el inventario y las estrategias de precios. Por ejemplo, si la previsión indica una demanda elevada para un periodo concreto, el hotel puede aplicar estrategias de precios dinámicas, como aumentar las tarifas de las habitaciones o imponer estancias mínimas. Por otro lado, si la previsión indica una demanda menor, el hotel puede introducir ofertas promocionales o descuentos para atraer a más clientes. La previsión de la demanda ayuda además a gestionar los costes operativos. Al prever la demanda con exactitud, el hotel puede optimizar su plantilla y otros recursos para satisfacer la demanda prevista con eficacia. Esto garantiza que el hotel disponga del personal adecuado durante los periodos de mayor demanda, al tiempo que reduce los costes durante los periodos de menor demanda. La previsión de la demanda desempeña un papel crucial en el revenue management de un hotel rural y contribuye a su éxito general. Permite al establecimiento asignar recursos de forma eficaz, optimizar las estrategias de precios y responder de forma proactiva a las condiciones cambiantes del mercado. La previsión de la demanda también facilita la eficacia de las actividades de marketing y promoción. Al conocer la demanda prevista, el hotel puede diseñar campañas de marketing específicas para atraer clientes en periodos de baja demanda o promocionar paquetes especiales en periodos de alta demanda. Este enfoque estratégico no sólo ayuda al hotel a mantener un flujo constante de ingresos, sino que también fideliza a los clientes y mejora la reputación de su marca. La previsión de la demanda es parte integrante del revenue management de un hotel rural. Permite a los hoteles predecir futuros patrones de demanda, optimizar las estrategias de precios, gestionar los costes operativos y emprender actividades de marketing eficaces. Al prever con precisión la demanda, los hoteles pueden planificar y asignar eficazmente los recursos, maximizar los índices de ocupación y lograr un crecimiento sostenible de los ingresos. En consecuencia, la previsión de la demanda es esencial para el éxito y la rentabilidad a largo plazo de los hoteles rurales.

RECOPILACIÓN Y ANÁLISIS DE DATOS HISTÓRICOS SOBRE RESERVAS DE HABITACIONES

Otro aspecto importante del revenue management para un hotel rural es la recopilación y el análisis de datos históricos sobre reservas de habitaciones. Recopilando datos sobre reservas anteriores, un hotel puede comprender mejor las pautas de la demanda y tomar decisiones informadas sobre precios y gestión del inventario. Analizando los datos históricos, el hotel puede identificar las temporadas altas y los periodos de baja demanda, lo que le permite ajustar las tarifas de las habitaciones en consecuencia. Los datos recopilados también pueden ayudar a identificar tendencias y pautas, como la popularidad de determinados tipos de habitaciones o el impacto de los acontecimientos locales en las reservas. Al tener acceso a esta información, el hotel puede optimizar sus ingresos ofreciendo promociones específicas, ajustando los niveles de inventario y mejorando la eficacia general. Los datos históricos pueden utilizarse para prever la demanda futura y establecer objetivos de ingresos alcanzables. Analizando tendencias y patrones, el hotel puede hacer predicciones informadas sobre futuras reservas y ajustar sus estrategias en consecuencia. Si los datos sugieren que un acontecimiento concreto atraerá a un gran número de huéspedes, el hotel puede aumentar proactivamente las tarifas de las habitaciones y asignar más inventario para maximizar los ingresos. Por otra parte, si los datos muestran un descenso de las reservas durante un determinado periodo, el hotel puede ofrecer tarifas con descuento o paquetes especiales para atraer a más huéspedes. La recopilación y el análisis de datos históricos sobre reservas de habitaciones es crucial para que un hotel rural aplique estrategias eficaces de revenue management y maximice su rentabilidad.

UTILIZAR TÉCNICAS DE PREVISIÓN PARA PREDECIR LA DEMANDA FUTURA

Las técnicas de previsión son esenciales para predecir la demanda futura en el revenue management de un hotel rural. Estas técnicas implican analizar datos históricos y tendencias para hacer predicciones precisas sobre el comportamiento futuro de los consumidores. Una de estas técnicas es el análisis de series temporales, que consiste en examinar los patrones y las fluctuaciones de la demanda durante un periodo de tiempo concreto. Esta información puede utilizarse para tomar decisiones informadas sobre la fijación de precios y la gestión de inventarios. El análisis de regresión puede emplearse para identificar la relación entre la demanda y otras variables, como la estacionalidad, los acontecimientos sociales y los factores económicos. Al comprender estas relaciones, los hoteles pueden ajustar sus estrategias de precios y promoción en consecuencia. Otra técnica eficaz es el uso de estudios de mercado y encuestas a los clientes para conocer sus preferencias, hábitos y pautas de reserva. Al relacionarse directamente con los clientes y comprender sus necesidades, los hoteles pueden anticiparse a la demanda futura y adaptar sus ofertas para satisfacer las expectativas. Las técnicas de modelización predictiva, como la inteligencia artificial y los algoritmos de aprendizaje automático, pueden utilizarse para analizar grandes cantidades de datos y generar previsiones precisas. Estas técnicas avanzadas pueden tener en cuenta variables complejas y la dinámica del mercado para proporcionar a los hoteles información valiosa sobre la demanda futura. Empleando diversas técnicas de previsión, los revenue managers pueden tomar decisiones informadas para optimizar los ingresos y maximizar la rentabilidad.

AJUSTAR LOS PRECIOS Y LA DISPONIBILIDAD EN FUNCIÓN DE LAS PREVISIONES DE DEMANDA

Además de optimizar los ingresos mediante la segmentación de clientes y estrategias de distribución eficaces, otro componente clave del revenue management de un hotel rural es ajustar los precios y la disponibilidad en función de las previsiones de demanda. Al predecir con exactitud la demanda futura, los hoteles pueden ajustar estratégicamente sus precios y disponibilidad para maximizar los ingresos. Un método de previsión de la demanda consiste en analizar los datos históricos y las tendencias para identificar pautas y hacer predicciones informadas sobre la demanda futura. Esto puede incluir el análisis de datos como las pautas de reserva, la estacionalidad y los acontecimientos locales que puedan afectar a la demanda. Al obtener información de estos datos, los hoteles pueden hacer previsiones más precisas y ajustar sus precios en consecuencia. Si los datos históricos muestran que suele haber mucha demanda en una época concreta del año debido a un festival local, el hotel puede aumentar sus precios durante ese periodo para aprovechar el aumento de la demanda. Por otra parte, si los datos históricos muestran que suele haber poca demanda durante una temporada concreta, el hotel puede ajustar sus precios para atraer a más clientes durante ese periodo. Los hoteles pueden utilizar estrategias de precios dinámicos para ajustar los precios en tiempo real en función de las fluctuaciones de la demanda. Esto puede implicar el uso de sistemas de revenue management que tengan en cuenta factores como los niveles de ocupación, los precios de la competencia y las condiciones del mercado para determinar el precio óptimo. Controlando y ajustando constantemente los precios en función de la demanda, los hoteles pueden asegurarse de que maximizan los ingresos y optimizan los niveles de ocupación. Ajustar la disponibilidad en función de las previsiones de demanda es otro aspecto importante del revenue management. Controlando de cerca las previsiones de demanda, los hoteles pueden abrir o cerrar estratégicamente el inventario de habitaciones para gestionar eficazmente la oferta y la demanda. Si se prevé que la demanda será alta durante un periodo determinado, el hotel puede poner a la venta más habitaciones para satisfacer la demanda prevista. Por el contrario, si se prevé que la demanda será baja, el hotel puede limitar la disponibilidad de habitaciones para crear una sensación de escasez y aumentar potencialmente los precios. Este planteamiento ayuda a garantizar que el hotel maximiza los ingresos alineando la oferta con la demanda. Emplear distintas categorías de tarifas también puede ayudar a ajustar la disponibilidad. Ofreciendo distintas categorías de tarifas, como tarifas de compra anticipada o tarifas no reembolsables, los hoteles pueden incentivar a los clientes a reservar con antelación o a comprometerse con su estancia, garantizando una previsión más precisa de la demanda y ayudando al hotel a gestionar el inventario con mayor eficacia. Ajustar los precios y la disponibilidad en función de las previsiones de demanda es un aspecto crucial del revenue management de un hotel rural. Previendo con precisión la demanda futura y utilizando métodos como el análisis de datos históricos y estrategias de precios dinámicos, los hoteles pueden optimizar sus precios para maximizar los ingresos. Ajustando estratégicamente la disponibilidad de habitaciones en función de las previsiones de demanda y empleando distintas categorías de tarifas, los hoteles pueden gestionar eficazmente su oferta y demanda, asegurándose de que maximizan los ingresos y optimizan los niveles de ocupación. Unas prácticas eficaces de revenue management pueden, en última instancia, hacer que un hotel rural tenga éxito y sea rentable.

V. GESTIÓN DE INVENTARIOS

La gestión del inventario es un componente esencial de la revenue management de un hotel rural. Una gestión eficaz del inventario garantiza que el hotel disponga de la cantidad adecuada de habitaciones en el momento oportuno para maximizar los ingresos. El inventario de un hotel incluye no sólo sus habitaciones, sino también sus espacios para reuniones y eventos, plazas de aparcamiento y otras instalaciones. El hotel debe analizar cuidadosamente sus patrones de demanda y tener en cuenta las variaciones estacionales, las vacaciones y los acontecimientos locales para determinar la asignación óptima del inventario. Al comprender y prever las fluctuaciones de la demanda, el hotel puede tomar decisiones informadas sobre precios, disponibilidad y restricciones. Durante los periodos punta, como las vacaciones o los acontecimientos locales populares, el hotel puede aplicar restricciones a la duración mínima de la estancia o exigir reservas no reembolsables para garantizar una ocupación óptima y maximizar los ingresos. Por el contrario, durante los periodos de baja demanda, el hotel puede ofrecer tarifas con descuento o políticas de cancelación flexibles para atraer a más huéspedes. Una gestión eficaz del inventario también implica controlar y ajustar los niveles de inventario en tiempo real. Esto puede lograrse mediante el uso de un sistema de gestión de la propiedad (PMS) que se integre con el sistema central de reservas (CRS) del hotel. El PMS proporciona una visión precisa y actualizada del inventario del hotel, lo que permite al revenue manager tomar decisiones dinámicas sobre precios y optimizar los ingresos. El PMS puede generar informes y análisis que permiten al hotel identificar tendencias, prever la demanda y ajustar los niveles de inventario en consecuencia. Gestionando eficazmente su inventario, un hotel rural puede asegurarse de atraer a los huéspedes adecuados al precio adecuado, maximizar los ingresos y mantener una ventaja competitiva en el mercado.

OPTIMIZAR LA DISPONIBILIDAD DE HABITACIONES PARA MAXIMIZAR LOS INGRESOS

Una forma de optimizar la disponibilidad de habitaciones y maximizar los ingresos de un hotel rural es aplicar una estrategia de precios dinámicos. Esta estrategia consiste en ajustar las tarifas de las habitaciones en función de la demanda y las condiciones del mercado. Fijando los precios de las habitaciones de forma dinámica, los hoteles pueden asegurarse de que cobran la tarifa óptima en cada momento para maximizar los ingresos. Durante una temporada alta o los fines de semana, cuando la demanda es elevada, los hoteles pueden aumentar sus tarifas para captar el máximo valor de cada habitación. Por otra parte, durante los periodos más flojos o los días laborables, los hoteles pueden ofrecer tarifas con descuento para atraer a más huéspedes y llenar las habitaciones vacías. Otra estrategia para optimizar la disponibilidad de habitaciones es ofrecer distintos paquetes o promociones. Creando paquetes o promociones atractivos, los hoteles pueden atraer a los clientes para que reserven una habitación incluso en periodos de baja demanda. Un hotel podría ofrecer un paquete de escapada de fin de semana que incluya alojamiento, desayuno y un tratamiento de spa a un precio con descuento. Este tipo de promoción no sólo atrae a más huéspedes, sino que también les anima a gastar más dinero en servicios y comodidades adicionales. Los hoteles pueden plantearse implantar un requisito de duración mínima de la estancia durante los periodos de gran demanda. Estableciendo una duración mínima de la estancia, los hoteles pueden asegurarse de maximizar los ingresos llenando las habitaciones durante periodos más largos. Por ejemplo, durante las vacaciones o los acontecimientos especiales, los hoteles pueden exigir un mínimo de dos noches de alojamiento para alojar a los huéspedes que estén dispuestos a pagar una tarifa superior por las fechas deseadas. Además, las inversiones en tecnología y los canales de distribución online pueden optimizar enormemente la disponibilidad de habitaciones. Utilizando un sólido sistema de gestión de la propiedad e interactuando con agencias de viajes online, los hoteles pueden automatizar la gestión del inventario y maximizar la exposición de los huéspedes potenciales. Esto permite a los hoteles controlar la disponibilidad de habitaciones y los precios en tiempo real, asegurándose de no perder ninguna oportunidad de ingresos. Para atraer a más clientes potenciales, los hoteles pueden aprovechar las redes sociales y el marketing digital. Utilizando estas herramientas, los hoteles pueden optimizar continuamente la disponibilidad de habitaciones y aumentar los ingresos. La optimización de la disponibilidad de habitaciones es crucial para maximizar los ingresos de un hotel rural En conclusión. El hotel puede asegurarse de que sus habitaciones estén siempre muy solicitadas Aplicando estrategias de precios dinámicos, ofreciendo paquetes y promociones atractivos, estableciendo requisitos de estancia mínima e invirtiendo en tecnología. No sólo ayudan a maximizar los ingresos, sino que también mejoran la satisfacción de los huéspedes ofreciéndoles servicios y experiencias de valor añadido. En definitiva, los hoteles rurales pueden prosperar en un mercado competitivo y alcanzar el éxito a largo plazo gestionando cuidadosamente la disponibilidad de habitaciones.

APLICAR ESTRATEGIAS DE SOBRERRESERVA PARA MINIMIZAR LA PÉRDIDA DE INGRESOS

Aplicar estrategias de sobrerreserva es un enfoque crucial para minimizar la pérdida de ingresos en el sector hotelero. El overbooking se refiere a la práctica de aceptar más reservas de las que el hotel puede acomodar, asumiendo que algunos huéspedes cancelarán o no se presentarán. Aplicando estrategias de overbooking, los hoteles pueden maximizar sus índices de ocupación y reducir el impacto financiero de las cancelaciones o de las ausencias. Una de estas estrategias consiste en prever la demanda con precisión, analizando los datos históricos, las tendencias del mercado y los acontecimientos que tienen lugar en la zona. Al conocer los patrones de la demanda, los hoteles pueden estimar la probabilidad de cancelaciones o no-shows y ajustar sus niveles de overbooking en consecuencia. Los hoteles pueden utilizar sofisticados sistemas de revenue management que automatizan el proceso de seguimiento de las cancelaciones y las no comparecencias, lo que les permite responder rápidamente y reasignar habitaciones a nuevos huéspedes. Estos sistemas también pueden integrar datos de agencias de viajes online y otros canales de distribución, proporcionando una visión completa de las reservas y cancelaciones. Otra estrategia contra el exceso de reservas consiste en ofrecer a los huéspedes incentivos para que renuncien voluntariamente a su reserva si el hotel se enfrenta a una situación de exceso de capacidad. Estos incentivos pueden incluir subidas de categoría, descuentos en futuras estancias o servicios gratuitos. Incentivando a los clientes para que renuncien a su reserva, los hoteles pueden evitar cualquier impacto negativo en la satisfacción del cliente, al tiempo que maximizan la ocupación y los ingresos. Es esencial comunicarse con transparencia y mantener buenas relaciones con los clientes durante este proceso. Los hoteles también pueden aprovechar la tecnología para optimizar sus estrategias de overbooking. Los algoritmos de precios dinámicos pueden ajustar las tarifas de las habitaciones en tiempo real en función de la demanda y la disponibilidad. Actualizando continuamente los precios, los hoteles pueden atraer nuevas reservas y responder con prontitud a las cancelaciones o ausencias. Los hoteles pueden utilizar herramientas de análisis predictivo para determinar el nivel óptimo de overbooking en función de diversos factores, como los datos históricos, las condiciones del mercado y el comportamiento de los clientes. Estas herramientas pueden ayudar a generar ideas y tomar decisiones basadas en datos para maximizar los ingresos y minimizar el riesgo de overbooking. Aplicar estrategias de overbooking es una técnica valiosa para que los hoteles minimicen la pérdida de ingresos. Previendo con exactitud la demanda, utilizando sistemas avanzados de revenue management, ofreciendo incentivos y aprovechando la tecnología, los hoteles pueden optimizar sus índices de ocupación y reducir el impacto de las cancelaciones o las ausencias. Es crucial que los hoteles encuentren un equilibrio entre maximizar los ingresos y mantener buenas relaciones con los clientes. Las estrategias de overbooking son un componente vital del revenue management para los hoteles, sobre todo en un entorno rural donde la demanda puede ser más impredecible.

GESTIONAR LA ASIGNACIÓN DE SALAS PARA DIFERENTES SEGMENTOS DE CLIENTES

Gestionar la asignación de habitaciones a los distintos segmentos de clientes es una parte esencial del revenue management de un hotel rural. Al asignar estratégicamente las habitaciones en función de los segmentos de clientes, un hotel puede maximizar su potencial de ingresos. Una forma de gestionar la asignación de habitaciones es analizar los datos históricos e identificar pautas dentro de cada segmento de clientes. Este análisis puede ayudar al hotel a comprender qué segmentos tienden a reservar habitaciones más grandes o caras, y qué segmentos son más propensos a reservar en el último minuto o con descuentos. Armado con esta información, el hotel puede ajustar su disponibilidad de habitaciones para satisfacer las demandas de cada segmento. Si el hotel sabe que los viajeros de negocios suelen reservar habitaciones más grandes, puede dar prioridad a estos tipos de habitación para este segmento. Por otra parte, si las familias tienden a reservar en el último minuto y aprovechan las tarifas con descuento, el hotel puede reservar cierto número de habitaciones para este segmento más cerca de la fecha de llegada. Adaptando la asignación de habitaciones a las necesidades y comportamientos específicos de cada segmento de clientes, el hotel puede aumentar sus ingresos globales. Otra estrategia para gestionar la asignación de habitaciones es implantar un sistema de precios por niveles. Esto implica clasificar las habitaciones en distintos niveles y asignar precios diferentes a cada nivel. El hotel puede clasificar sus habitaciones en estándar, deluxe y premium, con sus correspondientes precios. Esto permite al hotel atender a distintos segmentos de clientes con presupuestos variables. Al ofrecer una gama de opciones de habitaciones, el hotel puede atraer tanto a clientes preocupados por los costes que buscan un alojamiento más asequible como a clientes dispuestos a pagar una prima por habitaciones de gama más alta. Un sistema de precios por niveles puede crear una sensación de exclusividad y lujo para quienes estén dispuestos a derrochar en un alojamiento de categoría superior. Esto no sólo aumenta los ingresos, sino que también mejora la experiencia general del huésped, ya que los clientes tienen más opciones que se ajustan a sus preferencias y presupuesto. Para gestionar eficazmente la asignación de habitaciones a los distintos segmentos de clientes, un hotel debe adoptar soluciones tecnológicas que faciliten la fijación dinámica de precios y la gestión del inventario. Los sistemas de revenue management proporcionan datos y análisis en tiempo real, lo que permite al hotel tomar decisiones informadas sobre la asignación de habitaciones en función de la demanda y las condiciones del mercado. Estos sistemas también pueden automatizar el proceso de ajuste de precios y disponibilidad, permitiendo al hotel responder rápidamente a los cambios en la demanda y optimizar el potencial de ingresos. Invirtiendo en la tecnología adecuada, un hotel rural puede agilizar su proceso de asignación de habitaciones y asegurarse de que éstas se asignan basándose en datos. Gestionar la asignación de habitaciones a distintos segmentos de clientes es crucial para el revenue management de un hotel rural. Analizando los datos históricos, aplicando un sistema de precios por niveles y aprovechando las soluciones tecnológicas, un hotel puede optimizar su estrategia de asignación de habitaciones para maximizar los ingresos. Atendiendo a las necesidades y preferencias específicas de cada segmento de clientes, el hotel puede mejorar la satisfacción de los huéspedes y la rentabilidad. Integrar un proceso estratégico de asignación de habitaciones en el marco del revenue management puede ayudar a los hoteles rurales a prosperar en un mercado competitivo.

VI. CANALES DE DISTRIBUCIÓN

Los canales de distribución desempeñan un papel crucial en el revenue management de los hoteles rurales. Estos canales sirven de intermediarios entre el hotel y los clientes potenciales, facilitando el proceso de reserva y garantizando un mayor alcance de la oferta del hotel. Con la creciente prevalencia de las plataformas de reserva online, los hoteles necesitan utilizar eficazmente varios canales de distribución para maximizar su potencial de ingresos. Un canal de distribución muy utilizado son las agencias de viajes online (OTA), como Expedia, Booking.com y Airbnb. Las OTA ofrecen una plataforma en la que los clientes pueden comparar precios y reservar alojamiento fácilmente. Al asociarse con estas plataformas, los hoteles rurales pueden extender su visibilidad a un público más amplio y atraer a huéspedes que de otro modo no habrían descubierto su propiedad. Otro canal de distribución importante para los hoteles son las reservas directas a través de sus sitios web oficiales. Invirtiendo en un sitio web fácil de usar e implementando funciones de reserva online, los hoteles pueden animar a los clientes a reservar directamente, reduciendo así las comisiones asociadas a los canales de terceros. Los hoteles pueden personalizar la experiencia de reserva cuando los clientes reservan directamente, lo que permite oportunidades de venta cruzada y de ventas adicionales. Los hoteles pueden aprovechar los sistemas de distribución global (GDS), que actúan como un sistema central de reservas que conecta los hoteles con las agencias de viajes y las agencias de viajes online de todo el mundo. A través de los GDS, los hoteles rurales pueden ampliar su alcance a un público más amplio y aprovechar la extensa red de agencias de viajes. Este enfoque estratégico permite a los hoteles ganar exposición a nichos de mercado y atraer a nuevos clientes que prefieren reservar a través de las agencias de viajes tradicionales. Los hoteles pueden establecer asociaciones con operadores turísticos y mayoristas de viajes para dirigirse a segmentos de mercado específicos, como turistas en grupo, aventureros o viajeros de lujo. Estas asociaciones pueden ser mutuamente beneficiosas, ya que los hoteles pueden asegurarse un flujo constante de reservas, mientras que los operadores turísticos y los mayoristas pueden ofrecer paquetes que incluyan el alojamiento. Los hoteles rurales pueden beneficiarse de las oficinas gubernamentales de turismo y de los centros locales de visitantes que promocionan las atracciones y alojamientos regionales. Colaborando con estas organizaciones, los hoteles pueden aprovechar las campañas de marketing, los eventos turísticos y las guías de visitantes que se dirigen a zonas geográficas o grupos de interés específicos. Además de estos canales de distribución tradicionales, los hoteles rurales también pueden adoptar plataformas más nuevas, como las personas influyentes en las redes sociales y los blogueros. Estas personas influyentes pueden promocionar las características y experiencias únicas del hotel entre sus seguidores, generando expectación y atrayendo a clientes potenciales que buscan experiencias auténticas y fuera de lo común. Diversificando sus canales de distribución y seleccionando cuidadosamente los más relevantes, los hoteles rurales pueden optimizar sus estrategias de revenue management y garantizar un flujo constante de reservas durante todo el año.

EVALUAR Y SELECCIONAR LOS CANALES DE DISTRIBUCIÓN ADECUADOS

A la hora de evaluar y seleccionar los canales de distribución adecuados para un hotel rural, hay que tener en cuenta varios factores. En primer lugar, es importante tener en cuenta el mercado objetivo y sus canales preferidos para reservar alojamiento. El hotel debe realizar un estudio de mercado para identificar los datos demográficos y las preferencias de los huéspedes potenciales, a fin de llegar a ellos con eficacia a través de los canales de distribución más adecuados. Si el mercado objetivo está formado por viajeros más jóvenes y conocedores de la tecnología, puede ser beneficioso centrarse en las agencias de viajes online, las plataformas de redes sociales y el propio sitio web del hotel para maximizar la exposición y las oportunidades de reserva. Por otro lado, si el mercado objetivo está formado predominantemente por personas mayores que pueden ser menos proclives a reservar por Internet, puede ser más eficaz establecer relaciones con agencias de viajes locales o participar en ferias comerciales para ganar visibilidad. En segundo lugar, es importante evaluar el coste y el rendimiento potencial de la inversión asociados a cada canal de distribución. Algunos canales, como las agencias de viajes online, pueden cobrar comisiones por cada reserva, mientras que otros, como la asociación con agencias de viajes locales, pueden exigir cuotas iniciales o comisiones continuas. Es crucial considerar las implicaciones financieras de cada canal y sopesarlas con los ingresos potenciales que puede generar. En tercer lugar, el hotel debe considerar el nivel de control que quiere tener sobre el proceso de reserva.

Algunos canales de distribución, como las agencias de viajes online, permiten reservas fáciles e inmediatas, pero el hotel puede tener menos control sobre los precios y la disponibilidad. Esto puede ser una desventaja para un hotel rural que puede experimentar una demanda fluctuante a lo largo del año. Por el contrario, las reservas directas a través del propio sitio web del hotel o las reservas telefónicas proporcionan al hotel un mayor control sobre los precios y la disponibilidad, pero pueden requerir esfuerzos de marketing adicionales para atraer tráfico y reservas. Es importante tener en cuenta el nivel de servicio y atención al cliente que ofrece cada canal de distribución. Cuando los huéspedes reservan a través de sitios web de terceros o agencias de viajes, puede que no reciban el mismo nivel de servicio personalizado y asistencia que si reservaran directamente con el hotel. Esto puede afectar a la experiencia del huésped y a su satisfacción general. Es vital evaluar la reputación y el historial de servicio al cliente de cada canal de distribución para asegurarse de que se ajusta a las normas de servicio del hotel. Evaluar y seleccionar los canales de distribución adecuados para un hotel rural requiere una cuidadosa consideración del mercado objetivo, el coste y el rendimiento de la inversión, el nivel de control y el servicio al cliente prestado. Al tener en cuenta estos factores, el hotel puede tomar decisiones informadas que lleguen eficazmente a su mercado objetivo, maximicen los ingresos y mejoren la experiencia general de los huéspedes.

UTILIZAR AGENCIAS DE VIAJES ONLINE Y PLATAFORMAS DE RESERVA DIRECTA

Otra forma de que los hoteles rurales aumenten sus ingresos es utilizar las agencias de viajes online (OTA) y las plataformas de reserva directa. Las OTA, como Expedia y Booking.com, tienen un amplio alcance y atraen a un gran número de viajeros online. Al incluir su propiedad en estas plataformas, los hoteles rurales pueden aprovechar esta amplia base de clientes y aumentar sus posibilidades de reservas. Las OTA suelen ofrecer oportunidades promocionales, como anuncios destacados o tarifas con descuento, que pueden ayudar a atraer a más huéspedes potenciales. Las plataformas de reserva directa, por su parte, permiten a los hoteles rurales conectar directamente con sus clientes sin necesidad de intermediarios. Esto no sólo permite una mejor comunicación y un servicio personalizado, sino que también elimina las comisiones que cobran las OTA. Al tener su propia plataforma de reservas, los hoteles rurales pueden ofrecer ofertas exclusivas e incentivos para animar a los clientes a reservar directamente, maximizando así sus ingresos. Es importante que los hoteles rurales gestionen cuidadosamente su presencia en las OTA y en las plataformas de reserva directa. Tener demasiados anuncios en varias plataformas puede llevar a una pérdida de control sobre los precios y la disponibilidad, lo que en última instancia puede afectar a los ingresos. Es crucial que los hoteles supervisen y actualicen regularmente sus listados para asegurarse de que reflejan información precisa y siguen siendo competitivos en el mercado. Los hoteles deben tener en cuenta su público objetivo a la hora de elegir qué plataformas utilizar.

Algunas OTA pueden dirigirse más a los viajeros con poco presupuesto, mientras que otras pueden atraer a una clientela de más alto nivel. Comprender las preferencias y comportamientos de su mercado objetivo puede ayudar a los hoteles rurales a elegir estratégicamente las plataformas que generarán el mayor retorno de la inversión. Es importante que los hoteles tengan en cuenta las implicaciones económicas de utilizar las OTA y las plataformas de reserva directa. Aunque las OTA ofrecen un amplio alcance a los clientes, también cobran comisiones por cada reserva realizada a través de su plataforma. Esta comisión puede afectar significativamente al margen de beneficios de un hotel, sobre todo en el caso de los hoteles rurales más pequeños con recursos limitados. Las plataformas de reserva directa, por otra parte, pueden requerir una inversión inicial para su creación y mantenimiento, pero pueden ser una opción más rentable a largo plazo. Sopesando los posibles beneficios y costes, los hoteles rurales pueden tomar decisiones informadas sobre qué plataformas utilizar para maximizar sus ingresos. Utilizar agencias de viajes online y plataformas de reserva directa puede ser una valiosa estrategia de revenue management para los hoteles rurales. Estas plataformas proporcionan acceso a una amplia base de clientes, ofrecen oportunidades promocionales y permiten la comunicación directa con los huéspedes. Los hoteles deben gestionar cuidadosamente su presencia, tener en cuenta su mercado objetivo y evaluar las implicaciones económicas para garantizar el uso más eficaz de estas plataformas. Al hacerlo, los hoteles rurales pueden maximizar sus ingresos y seguir siendo competitivos en el mercado.

APLICAR ESTRATEGIAS DE CHANNEL MANAGEMENT PARA OPTIMIZAR LOS INGRESOS

Poner en marcha estrategias de channel management es esencial para que los hoteles rurales optimicen sus ingresos. Una estrategia eficaz es diversificar los canales de distribución asociándose con agencias de viajes online (OTA) y sistemas de distribución global (GDS). Utilizando OTAs como Expedia y Booking.com, los hoteles rurales pueden aprovechar su amplia base de clientes y aumentar la visibilidad ante los huéspedes potenciales. Del mismo modo, la integración con plataformas GDS como Amadeus y Sabre permite a los hoteles rurales llegar a un público más amplio y atraer más reservas. Otra estrategia de gestión de canales consiste en aplicar la paridad de tarifas en todos los canales de distribución. Esto garantiza que las tarifas del hotel sean coherentes en las distintas plataformas, evitando discrepancias de precios y manteniendo la confianza de los clientes. Los hoteles rurales pueden emplear sistemas de revenue management (RMS) para automatizar la distribución de tarifas y disponibilidad en los distintos canales. Estos sistemas analizan las condiciones del mercado, los patrones de demanda y las tarifas de la competencia para generar estrategias de precios óptimas. Adoptar una estrategia de reserva directa es crucial para un hotel rural. Promocionando el sitio web del hotel y ofreciendo ventajas exclusivas a quienes reservan directamente, los hoteles rurales pueden minimizar los costes de distribución y maximizar los márgenes de beneficio. Las plataformas de las redes sociales también pueden utilizarse como canales de distribución, permitiendo a los hoteles rurales relacionarse directamente con los huéspedes potenciales y ofrecer promociones personalizadas. La implantación de sistemas de gestión de las relaciones con los clientes (CRM) puede ayudar a los hoteles rurales a hacer un seguimiento de las preferencias y comportamientos de los huéspedes, permitiendo campañas de marketing específicas y ofertas personalizadas. Aplicando estrategias de gestión de canales, como diversificar los canales de distribución, aplicar la paridad de tarifas, utilizar sistemas de revenue management, adoptar una estrategia de reserva directa y aprovechar las redes sociales y los sistemas CRM, los hoteles rurales pueden optimizar los ingresos y maximizar la rentabilidad.

VII. PROMOCIONES Y PAQUETES

Para maximizar los ingresos, los hoteles rurales deben utilizar estratégicamente promociones y paquetes. Ofreciendo ofertas promocionales, los hoteles pueden atraer a nuevos clientes e incentivarlos para que reserven su estancia. Las promociones pueden adoptar diversas formas, como descuentos en las tarifas de las habitaciones, comodidades o servicios gratuitos, o paquetes especiales que combinan varias ofertas. Estos incentivos pueden dirigirse a segmentos específicos del mercado, como familias, parejas o viajeros de negocios, para aumentar su atractivo. Es importante que los hoteles planifiquen y ejecuten cuidadosamente sus promociones para asegurarse de que son rentables y se ajustan a la estrategia general de revenue management del hotel. Esto incluye tener en cuenta factores como las preferencias y comportamientos de compra del mercado objetivo, los objetivos de ingresos del hotel y la estacionalidad o los patrones de demanda en la zona rural. Los hoteles deben controlar el rendimiento y la eficacia de sus promociones mediante el análisis periódico de los indicadores clave de rendimiento, como las tasas de reserva y los ingresos generados. Esto les permitirá tomar decisiones basadas en datos y hacer los ajustes necesarios en sus estrategias promocionales. Los hoteles pueden aumentar el valor de sus ofertas creando paquetes atractivos que combinen varios servicios o comodidades. Esto no sólo puede aumentar el valor percibido del paquete, sino también animar a los huéspedes a reservar una estancia más larga o servicios adicionales. Un hotel rural podría crear un paquete que incluyera un descuento en la tarifa de la habitación, desayuno gratuito y una excursión guiada por la reserva natural cercana. Agrupando estas ofertas y ofreciéndolas a un precio con descuento, los huéspedes pueden tener la sensación de que están haciendo un mejor negocio en comparación con la reserva de cada componente por separado. Esto puede aumentar las reservas y los ingresos. Los hoteles deberían considerar la posibilidad de asociarse con atracciones o empresas locales para crear paquetes únicos y exclusivos que no puedan encontrarse en otros lugares. Esto puede ayudar a diferenciar el hotel de la competencia y atraer a huéspedes que busquen específicamente estas experiencias. Los hoteles deberían aprovechar la tecnología y las plataformas de reserva online para promocionar y distribuir eficazmente sus ofertas y paquetes promocionales. Mediante la publicidad dirigida, las redes sociales y las campañas de marketing por correo electrónico, los hoteles pueden llegar al mercado objetivo deseado y generar interés y reservas. Es importante que los hoteles revisen y actualicen periódicamente sus ofertas promocionales para mantenerlas frescas y adaptadas a las cambiantes demandas del mercado. Esto puede incluir la introducción de promociones estacionales, la creación de ofertas por tiempo limitado o la respuesta a tendencias o acontecimientos actuales. Innovando y optimizando continuamente sus estrategias promocionales, los hoteles rurales pueden captar eficazmente la atención de los huéspedes potenciales, aumentar las reservas y maximizar sus ingresos.

DISEÑAR PROMOCIONES Y PAQUETES ATRACTIVOS PARA LOS CLIENTES OBJETIVO

Diseñar promociones y paquetes atractivos para los clientes objetivo es un aspecto crucial del revenue management de un hotel rural. Creando ofertas atractivas, los hoteles pueden aumentar sus índices de ocupación y generar más ingresos. Una estrategia eficaz es adaptar las promociones a segmentos específicos de clientes. Un hotel situado cerca de una popular ruta de senderismo puede crear una promoción dirigida a los entusiastas de las actividades al aire libre, ofreciendo tarifas con descuento y mapas de senderismo gratuitos. Crear paquetes que combinen alojamiento con experiencias locales puede resultar muy atractivo para los viajeros que buscan experiencias únicas y envolventes. Un hotel rural podría colaborar con bodegas cercanas para ofrecer paquetes de cata de vinos, o asociarse con operadores turísticos locales para crear paquetes de aventura que incluyan actividades como kayak o equitación. Otro enfoque eficaz es aprovechar acontecimientos especiales o días festivos para crear promociones por tiempo limitado. Al ofrecer descuentos exclusivos o servicios añadidos durante estos periodos, los hoteles pueden crear una sensación de urgencia y atraer a los huéspedes potenciales para que reserven. Es esencial evaluar y perfeccionar periódicamente las promociones en función de las opiniones de los clientes y las tendencias del mercado. Recoger las opiniones de los clientes mediante encuestas o comentarios en línea puede proporcionar información valiosa sobre las preferencias y expectativas de los clientes objetivo. Esta información puede utilizarse para hacer los ajustes necesarios en las promociones, asegurando que sigan siendo atractivas y relevantes. El seguimiento de las tendencias del mercado y el análisis de las promociones de los competidores pueden proporcionar valiosa información de referencia y ayudar a los hoteles a mantenerse por delante de la competencia. Es importante promocionar las promociones con eficacia a través de varios canales de marketing. Utilizar las plataformas de las redes sociales, el marketing por correo electrónico y los anuncios online específicos puede llegar a un público amplio y generar interés por las ofertas del hotel. Colaborar con agencias de viajes o agencias de viajes online también puede ser beneficioso para llegar a una base de clientes más amplia. Diseñar promociones y paquetes atractivos es un componente esencial del revenue management de los hoteles rurales. Adaptando las promociones a segmentos específicos de clientes, creando paquetes únicos, aprovechando eventos especiales, recogiendo las opiniones de los clientes y utilizando canales de marketing eficaces, los hoteles pueden atraer y retener a los clientes objetivo, aumentando en última instancia sus ingresos y tasas de ocupación.

OFRECER SERVICIOS DE VALOR AÑADIDO PARA MEJORAR LA EXPERIENCIA DEL CLIENTE

Ofrecer servicios de valor añadido es otra estrategia eficaz para mejorar la experiencia del cliente y aumentar los ingresos de un hotel rural. Prestando servicios adicionales que van más allá del alojamiento básico, los hoteles pueden diferenciarse de sus competidores y atraer a más clientes. Estos servicios de valor añadido pueden incluir desayunos gratuitos, servicios de transporte al aeropuerto, tratamientos de spa u opciones de entretenimiento como música en directo o sesiones de cuentacuentos. Al incorporar estos servicios a su oferta, los hoteles no sólo mejoran la satisfacción del cliente, sino que también crean oportunidades para obtener fuentes de ingresos adicionales. Un hotel puede cobrar por opciones de desayuno premium u ofrecer paquetes especiales que incluyan tratamientos de spa. Los servicios de valor añadido pueden ayudar a fidelizar a los clientes. Cuando los clientes tienen una experiencia positiva y reciben un valor añadido durante su estancia, es más probable que vuelvan y se conviertan en clientes habituales. Esto no sólo genera repetición de negocio, sino que también aumenta la probabilidad de recomendaciones positivas boca a boca, lo que conduce a recomendaciones y nuevos clientes. Los servicios de valor añadido también pueden ayudar a incentivar a los clientes para que reserven directamente con el hotel en lugar de a través de un sitio web de terceros. Al ofrecer ventajas o beneficios exclusivos a quienes reservan directamente, los hoteles pueden animar a los clientes a prescindir de las agencias de viajes online y reservar directamente en su lugar. Esto no sólo reduce las comisiones, sino que también permite a los hoteles establecer una relación directa con sus clientes, lo que posibilita una comunicación más personalizada y esfuerzos de marketing más específicos. Ofrecer servicios de valor añadido es un enfoque estratégico para mejorar la experiencia del cliente, generar ingresos adicionales y fidelizar a los clientes de los hoteles rurales. Si van más allá del alojamiento básico y ofrecen servicios o comodidades especiales, los hoteles pueden diferenciarse, atraer y retener a los clientes y crear oportunidades de fuentes de ingresos adicionales.

CONTROLAR LA EFICACIA DE LAS PROMOCIONES Y AJUSTARLAS SEGÚN SEA NECESARIO

Para garantizar el éxito de las promociones y optimizar los ingresos, es crucial que un hotel rural controle su eficacia y haga los ajustes necesarios. Supervisar la eficacia de las promociones implica hacer un seguimiento de los indicadores clave de rendimiento (KPI), como la tasa de ocupación, la tarifa media diaria (ADR) y los ingresos por habitación disponible (RevPAR). Comparando estas métricas antes y después de la aplicación de las promociones, los directores de hotel pueden evaluar si las actividades promocionales han alcanzado los objetivos previstos. Además de las métricas cuantitativas, los directores de hotel deben tener en cuenta las opiniones de los clientes y los índices de satisfacción para evaluar el impacto de las promociones en la experiencia general de los clientes. Las opiniones de los clientes pueden aportar información valiosa sobre aspectos que deben mejorarse o áreas en las que deberían ampliarse las promociones. Es esencial que los directores de hotel se mantengan informados sobre las tendencias del mercado y las actividades de la competencia realizando estudios de mercado periódicos. Esto les ayudará a identificar oportunidades emergentes o amenazas potenciales y a ajustar sus estrategias promocionales en consecuencia. Si un hotel de la competencia lanza una nueva promoción dirigida al mismo segmento de clientes, puede que el hotel rural tenga que reevaluar sus ofertas promocionales para seguir siendo competitivo. Los avances tecnológicos han facilitado el seguimiento y el análisis de la eficacia de las promociones. Los sistemas de gestión hotelera y las herramientas de análisis pueden proporcionar datos en tiempo real sobre la ocupación, los datos demográficos de los huéspedes, las pautas de reserva y los ingresos. Aprovechando estas tecnologías, los directores de hotel pueden obtener información valiosa y tomar decisiones basadas en datos sobre las actividades promocionales. La supervisión continua es decisiva para identificar tendencias o pautas en el comportamiento de los huéspedes que pueden informar las estrategias promocionales. Si los datos muestran que el hotel experimenta un descenso significativo de la ocupación durante un mes concreto, el hotel puede crear promociones específicas durante ese periodo para atraer a más huéspedes. También es importante ajustar las promociones en función de los resultados del seguimiento. Los directores de hotel deben estar preparados para modificar o poner fin a las promociones que no den los resultados deseados. Si una promoción no atrae suficientes reservas ni genera los ingresos esperados, puede ser necesario replantearse la oferta o explorar estrategias alternativas. Por el contrario, si una promoción tiene mucho éxito, los directores de hotel deben plantearse ampliarla o extenderla para aprovechar su popularidad. Los ajustes pueden ser necesarios debido a factores externos, como cambios en las condiciones del mercado, las preferencias de los clientes o factores económicos. Evaluando periódicamente la eficacia de las promociones y haciendo los ajustes necesarios, los hoteles rurales pueden maximizar su potencial de ingresos y mantener una ventaja competitiva en el mercado. Supervisar y ajustar las promociones es un proceso continuo que requiere un enfoque proactivo y basado en datos. Con las herramientas y estrategias adecuadas, los hoteles rurales pueden evaluar eficazmente el impacto de las promociones y ajustar sus esfuerzos de marketing para impulsar el crecimiento de los ingresos.

VIII. GESTIÓN DE LA RELACIÓN CON LOS CLIENTES

Centrándose en construir y mantener relaciones sólidas con los clientes, los hoteles pueden aumentar su fidelidad y, en última instancia, impulsar el crecimiento de los ingresos. Un aspecto clave de la gestión de las relaciones con los clientes es comprender las necesidades y preferencias únicas de cada huésped. Recopilando y analizando datos sobre el comportamiento de los clientes, los hoteles pueden personalizar la experiencia de los huéspedes, ofreciéndoles promociones, servicios y recomendaciones a medida. Este enfoque personalizado no sólo aumenta la satisfacción y la fidelidad de los clientes, sino que también mejora la capacidad del hotel para realizar ventas adicionales y cruzadas a los clientes existentes. La gestión de las relaciones con los clientes permite a los hoteles comunicarse eficazmente con los clientes a través de varios canales, como el correo electrónico, las redes sociales y las aplicaciones móviles. Manteniéndose en contacto con los clientes y proporcionándoles información oportuna y relevante, los hoteles pueden mantener su marca en primer plano, fomentar la repetición de reservas y atraer a nuevos clientes a través del boca a boca positivo. Los sistemas de gestión de las relaciones con los clientes pueden ayudar a los hoteles a seguir y gestionar las opiniones de los clientes y resolver rápidamente cualquier problema o queja. Este enfoque proactivo del servicio al cliente no sólo mejora la experiencia general del cliente, sino que también ayuda a los hoteles a identificar tendencias y áreas de mejora. La gestión de las relaciones con los clientes facilita la recopilación y el análisis de datos sobre el valor vitalicio del cliente y sus pautas de gasto. Al identificar a los clientes de alto valor y conocer sus preferencias, los hoteles pueden segmentar su base de clientes y dirigir sus esfuerzos de marketing con mayor eficacia. Este enfoque específico permite a los hoteles asignar los recursos de forma inteligente y maximizar el rendimiento de la inversión. La gestión de las relaciones con los clientes es esencial para el revenue management en un hotel rural. Si se centran en establecer relaciones sólidas con los clientes, personalizar la experiencia de los huéspedes y comunicarse eficazmente con ellos, los hoteles pueden aumentar la fidelidad de los clientes, impulsar el crecimiento de los ingresos y, en última instancia, lograr el éxito a largo plazo.

IMPLEMENTAR UNA BASE DE DATOS DE CLIENTES PARA SEGUIR LAS PREFERENCIAS DE LOS HUÉSPEDES

Implantar una base de datos de clientes para el seguimiento de sus preferencias es un paso crucial en el revenue management de un hotel rural. El hotel puede recopilar información valiosa sobre los hábitos de preferencia de sus huéspedes y sus experiencias pasadas teniendo acceso a una completa base de datos de clientes. Estos datos pueden utilizarse para personalizar la estancia de los huéspedes y adaptar las promociones para satisfacer sus necesidades específicas, aumentando así su calidad general e incrementando sus posibilidades de volver al siguiente. Además, el hotel puede analizar los patrones y tendencias de comportamiento de los clientes, lo que le ayuda a tomar decisiones basadas en datos sobre la gestión del inventario de precios y las estrategias de marketing. Por ejemplo, si la base de datos revela que un segmento concreto de clientes prefiere determinados servicios o actividades, el hotel puede asignar recursos en función de esas preferencias, lo que se traducirá en una mayor satisfacción de los clientes y, potencialmente, en una mayor generación de ingresos. La instalación de una base de datos de clientes permitirá al hotel comunicarse eficazmente con sus huéspedes. El hotel puede seguir en contacto con los clientes incluso después de su estancia, mediante correos electrónicos personalizados, boletines informativos o campañas publicitarias dirigidas, fomentando relaciones a largo plazo y animando a repetir las visitas. El hotel puede mejorar aún más su base de datos de clientes utilizando la información almacenada en ella, lo que crea un sentimiento de aprecio y fidelidad entre su clientela. Esto puede hacerse mediante programas de fidelización, promociones exclusivas o recompensas especiales diseñadas específicamente para los clientes que vuelven. Estos enfoques personalizados demuestran el compromiso del hotel por satisfacer las necesidades de sus clientes y fomentar una experiencia positiva y memorable. La implantación de una base de datos de clientes también puede facilitar procesos eficaces de toma de decisiones para el equipo de revenue management del hotel. Analizando los datos recopilados, el equipo puede generar información sobre la demanda del mercado, las preferencias de estancia y las pautas de reserva. Esta información permite al equipo optimizar las estrategias de precios, gestionar eficazmente el inventario de habitaciones y asignar los recursos con eficiencia. Los datos pueden utilizarse para evaluar el éxito de las distintas estrategias de revenue management, identificar áreas de mejora y aplicar los ajustes pertinentes. Estas decisiones basadas en datos ayudan a maximizar el potencial de ingresos del hotel y a mejorar su rendimiento financiero. Implementar una base de datos de clientes para seguir las preferencias de los huéspedes es un aspecto esencial del revenue management para los hoteles rurales. Aprovechando la información almacenada en la base de datos, el hotel puede personalizar las experiencias de los clientes, tomar decisiones basadas en datos, establecer mejores canales de comunicación, recompensar a los clientes fieles y facilitar procesos de toma de decisiones eficientes. La implantación de una base de datos de clientes es una valiosa herramienta que puede contribuir al éxito general y la sostenibilidad de un hotel rural.

UTILIZAR LA SEGMENTACIÓN DE CLIENTES PARA PERSONALIZAR LAS OFERTAS Y LOS PRECIOS

Utilizar la segmentación de clientes para personalizar las ofertas y los precios es una estrategia crucial en el revenue management de un hotel rural. Categorizando a los clientes en función de sus preferencias, comportamientos y datos demográficos, los hoteles pueden adaptar sus ofertas y precios a las necesidades individuales. Un hotel puede dividir a los clientes en segmentos como viajeros de negocios, familias, parejas y turistas de ocio. De este modo, el hotel puede crear promociones y paquetes específicos que respondan a los deseos e intereses concretos de cada segmento. Los viajeros de negocios pueden valorar servicios como salas de conferencias e Internet de alta velocidad, mientras que las familias pueden dar prioridad a las habitaciones espaciosas y las actividades adaptadas a los niños. Al conocer estas preferencias, los hoteles pueden ofrecer ofertas personalizadas que mejoren la experiencia general del huésped y aumenten su satisfacción. Los precios también pueden personalizarse en función de la segmentación. Ofrecer descuentos o tarifas especiales a determinados segmentos durante los periodos valle, por ejemplo, puede ayudar a atraer más clientes y aumentar las tasas de ocupación. Por otra parte, cobrar precios más altos a los segmentos de mayor demanda puede ayudar a maximizar los ingresos durante las temporadas altas. La información obtenida del análisis de la segmentación también puede ayudar a los hoteles a prever las pautas de la demanda y a tomar decisiones informadas sobre los precios. Al comprender la sensibilidad al precio de cada segmento, los hoteles pueden optimizar su potencial de ingresos cobrando los precios adecuados a los clientes adecuados. La segmentación de clientes puede ayudar a los hoteles a identificar a los clientes fieles y de alto valor, lo que conduce a programas de fidelización y premios específicos. Rastreando las preferencias y el historial de reservas de sus clientes, los hoteles pueden ofrecer proactivamente promociones e incentivos personalizados para fomentar la repetición de las reservas. Al reconocer y recompensar la fidelidad, los hoteles pueden fomentar relaciones a largo plazo con sus clientes más valiosos y aumentar las tasas de retención de clientes. La segmentación de clientes puede desempeñar un papel vital en la captación de nuevos clientes. Analizando las características y preferencias de los segmentos potenciales, los hoteles pueden identificar mercados sin explotar y desarrollar campañas de marketing específicas para llegar a esos públicos. Si el hotel identifica una tendencia creciente de turistas que buscan aventuras en la zona, puede crear paquetes de aventura y adaptar sus esfuerzos de marketing para atraer a este segmento específico. Atendiendo a las necesidades y deseos únicos de los distintos segmentos del mercado, los hoteles pueden diferenciarse de la competencia y posicionarse como la opción preferida para grupos de clientes específicos. La segmentación de clientes es una poderosa herramienta de revenue management para un hotel rural. Al comprender las diversas necesidades y preferencias de los clientes, los hoteles pueden crear ofertas y estrategias de precios personalizadas que mejoren la experiencia de los huéspedes y maximicen el potencial de ingresos.

Desde promociones y paquetes a medida hasta precios personalizados y programas de fidelización, la segmentación de clientes permite a los hoteles ofrecer ofertas específicas que atraigan y retengan a los clientes. El análisis de la segmentación puede ayudar a prever los patrones de demanda y a tomar decisiones informadas sobre precios, contribuyendo a la optimización general de los ingresos del hotel. Por su capacidad para identificar mercados sin explotar y diferenciar al hotel de la competencia, la segmentación de clientes es un aspecto esencial del revenue management en el sector hotelero rural.

FIDELIZAR A LOS CLIENTES MEDIANTE UNA COMUNICACIÓN PERSONALIZADA

En un mercado tan competitivo como el actual, en el que los consumidores tienen numerosas opciones entre las que elegir, es esencial que los hoteles rurales hagan un esfuerzo adicional para que sus huéspedes se sientan valorados y apreciados. Una forma eficaz de conseguirlo es la comunicación personalizada. Adaptando su comunicación a las necesidades y preferencias específicas de cada huésped, los hoteles rurales pueden crear una experiencia única y memorable que fomente la fidelidad y anime a repetir las visitas. La comunicación personalizada puede adoptar muchas formas, como campañas de correo electrónico personalizadas, ofertas personalizadas y recomendaciones a medida. Estos métodos no sólo demuestran que el hotel está atento a las necesidades del huésped, sino que también ayudan a crear una conexión y una confianza más profundas entre el hotel y el huésped. La comunicación personalizada también puede incluir un compromiso proactivo, en el que el hotel se pone en contacto con los huéspedes antes y después de su estancia para asegurarse de que su experiencia es excepcional. Esta comunicación proactiva puede incluir el envío de correos electrónicos antes de la llegada con información relevante sobre los servicios del hotel, las atracciones locales y cualquier acontecimiento especial que tenga lugar durante la estancia del huésped. Esto no sólo ayuda a establecer las expectativas adecuadas, sino que también permite al hotel recopilar preferencias y requisitos importantes que pueden utilizarse para personalizar la experiencia del huésped. La comunicación personalizada puede extenderse más allá de la estancia del huésped enviando correos electrónicos de seguimiento agradeciéndole su visita y solicitando su opinión sobre la experiencia. Esto no sólo demuestra agradecimiento, sino que también brinda la oportunidad de abordar cualquier preocupación o problema que pueda tener el huésped. Todos estos esfuerzos de comunicación personalizada contribuyen a crear una fuerte conexión emocional con el huésped, haciéndole sentir como una parte valiosa de la comunidad del hotel. Los hoteles rurales pueden utilizar la tecnología para mejorar su comunicación personalizada. Utilizando los datos de los huéspedes recogidos a través de un sistema de gestión de la relación con el cliente (CRM), el hotel puede ofrecer promociones personalizadas y ofertas exclusivas basadas en las preferencias del huésped y sus interacciones anteriores con el hotel. Aprovechando la tecnología de este modo, los hoteles rurales no sólo pueden agilizar sus esfuerzos de comunicación personalizada, sino también ofrecer una experiencia más fluida y cómoda a sus huéspedes. Fidelizar a los clientes mediante la comunicación personalizada es una poderosa estrategia para que los hoteles rurales se diferencien de la competencia y cultiven relaciones a largo plazo con sus huéspedes. Adaptando su comunicación a cada huésped, comprometiéndose proactivamente con ellos y aprovechando la tecnología, los hoteles rurales pueden crear una experiencia personalizada que haga que sus huéspedes se sientan valorados y apreciados. Este tipo de comunicación personalizada fomenta la fidelidad y anima a repetir las visitas, lo que en última instancia se traduce en mayores ingresos y éxito para el hotel.

IX. SISTEMAS DE REVENUE MANAGEMENT

Con la constante fluctuación de la demanda y la necesidad de maximizar los ingresos, los hoteles deben invertir en sistemas eficaces de revenue management. Estos sistemas utilizan análisis de datos y algoritmos de previsión para determinar las estrategias óptimas de fijación de precios y asignación de inventario. Analizando los datos históricos, como los índices de ocupación y la información sobre precios, los sistemas de revenue management pueden predecir la demanda futura y sugerir estrategias de precios adecuadas. Esto ayuda a los hoteles a optimizar las tarifas de sus habitaciones, asegurándose de que no dejan dinero sobre la mesa durante los periodos punta, al tiempo que siguen atrayendo clientes durante los periodos de baja demanda. Los sistemas de revenue management permiten a los hoteles segmentar su mercado y ofrecer precios y promociones personalizados a distintos segmentos de clientes. Al adaptar sus estrategias de precios a mercados específicos, los hoteles pueden atraer a más clientes y aumentar sus ingresos totales. Estos sistemas también proporcionan información de inventario en tiempo real, lo que permite a los hoteles controlar su disponibilidad y ajustar sus precios en consecuencia. Al implantar sistemas de revenue management, los hoteles pueden gestionar eficazmente su dinámica de oferta y demanda, maximizando en última instancia su potencial de ingresos. Es importante señalar que los sistemas de revenue management no son una solución universal. Cada hotel es único, con su propio conjunto de retos y dinámicas de mercado, por lo que es crucial seleccionar un sistema que se ajuste a las necesidades y requisitos específicos del hotel. Un sistema completo de revenue management no sólo debe ofrecer sólidas capacidades de previsión y fijación de precios, sino también integrarse con otros sistemas de gestión hotelera, como los sistemas de gestión de propiedades y los canales de distribución online. La perfecta integración entre estos sistemas permite a los hoteles agilizar sus operaciones y garantizar una gestión precisa de los precios y el inventario en todos los canales. Los hoteles también deben tener en cuenta la escalabilidad y adaptabilidad del sistema de revenue management. A medida que crece el negocio y cambian las condiciones del mercado, el sistema debe ser capaz de adaptarse a estos cambios y seguir proporcionando información precisa y procesable. También merece la pena mencionar que, aunque los sistemas de revenue management pueden proporcionar datos y perspectivas valiosos, la experiencia humana y la toma de decisiones siguen siendo esenciales en el proceso. Los gestores de ingresos de los hoteles y sus equipos desempeñan un papel fundamental en el análisis y la interpretación de las recomendaciones del sistema, así como en la toma de decisiones estratégicas basadas en su conocimiento del sector y su intuición. La supervisión y evaluación periódicas del rendimiento del sistema son necesarias para identificar las áreas de mejora y garantizar que el sistema está alineado con la estrategia general de revenue management del hotel. Refinando y optimizando continuamente el sistema de revenue management, los hoteles pueden seguir siendo competitivos en el mercado y navegar con éxito por la dinámica siempre cambiante del sector hotelero. Los sistemas de revenue management son herramientas inestimables para los hoteles que quieren maximizar su potencial de ingresos. Estos sistemas ofrecen información basada en datos, que permite a los hoteles optimizar sus estrategias de precios e inventario en función de las fluctuaciones de la demanda. Gestionando eficazmente sus ingresos, los hoteles no sólo pueden mejorar sus resultados financieros, sino también aumentar la satisfacción y fidelidad de sus clientes. Invertir en un sistema de revenue management sólido y adaptado es crucial para el éxito y el crecimiento de cualquier hotel.

IMPLANTACIÓN DE UN SISTEMA DE REVENUE MANAGEMENT PARA AUTOMATIZAR PROCESOS

Una forma en que un sistema de revenue management puede automatizar los procesos es mediante la integración de los sistemas de reservas. Con un sistema de revenue management, un hotel puede agilizar el proceso de reserva actualizando automáticamente la disponibilidad y las tarifas en todas las plataformas de reserva. Esto elimina la necesidad de actualizaciones manuales y reduce el riesgo de overbooking o de publicar tarifas incorrectas. Un sistema de revenue management puede automatizar el proceso de fijación de precios analizando la demanda del mercado, las tarifas de la competencia y los datos históricos para determinar las estrategias de precios óptimas. Esto elimina la necesidad de ajustar manualmente las tarifas y garantiza que los precios del hotel sean siempre competitivos y se ajusten a las condiciones actuales del mercado. Un sistema de revenue management puede automatizar el proceso de previsión analizando y prediciendo patrones de demanda basados en datos históricos. Esto ayuda a los hoteleros a anticiparse a los periodos de gran demanda y ajustar las tarifas en consecuencia para maximizar los ingresos. Un sistema de revenue management puede automatizar el proceso de elaboración de informes generando informes en tiempo real sobre indicadores clave de rendimiento, como las tasas de ocupación, las tarifas medias diarias y los ingresos por habitación disponible. Esto proporciona a los hoteleros información valiosa sobre el rendimiento de su negocio y les permite tomar decisiones basadas en datos para optimizar los ingresos. Implantar un sistema de revenue management puede ser muy beneficioso para un hotel rural, ya que automatiza procesos como las reservas, la fijación de precios, las previsiones y la elaboración de informes. Al automatizar estos procesos, un hotel puede aumentar la eficacia, reducir el riesgo de errores y tomar decisiones basadas en datos para maximizar los ingresos.

UTILIZAR ANÁLISIS DE DATOS PARA TOMAR DECISIONES INFORMADAS SOBRE PRECIOS

La recopilación y el análisis de datos relevantes pueden proporcionar información valiosa sobre el comportamiento de los clientes, las tendencias del mercado y las estrategias de precios de la competencia. Aprovechando esta información, la dirección del hotel puede ajustar sus estrategias de precios en tiempo real para maximizar los ingresos y los beneficios. El análisis de datos puede ayudar a identificar patrones en la demanda de los clientes, como temporadas altas o fechas de reserva populares, lo que permite al hotel aplicar estrategias de precios dinámicas para captar tarifas de habitación más altas durante los periodos de mayor demanda. El análisis de datos puede ayudar a controlar y responder a los cambios en las condiciones del mercado. Mediante el seguimiento continuo de los precios de la competencia y las tendencias del mercado, el hotel puede posicionarse estratégicamente para ofrecer tarifas y paquetes competitivos que atraigan y retengan a los clientes. La analítica de datos puede ayudar a identificar ineficiencias de precios y posibles fugas de ingresos. Analizando las pautas de reserva y las preferencias de los clientes, el hotel puede identificar oportunidades para optimizar su estructura de precios, como ofrecer descuentos específicos o ajustar las tarifas de las habitaciones en función de la demanda estacional. Este nivel de toma de decisiones basada en datos permite al hotel realizar ajustes de forma proactiva en lugar de reactiva, lo que garantiza que siga siendo competitivo en el mercado. La utilización de la analítica de datos en el revenue management de un hotel rural es crucial para tomar decisiones sobre precios con conocimiento de causa. Aprovechando el conocimiento de los datos, el hotel puede optimizar sus estrategias de precios, responder a los cambios del mercado e identificar posibles fugas de ingresos. Con la ayuda de la analítica de datos, el hotel puede alcanzar sus objetivos de ingresos y beneficios, al tiempo que mejora la satisfacción del cliente ofreciendo tarifas competitivas y paquetes de precios estratégicos. Esto demuestra la naturaleza evolutiva del revenue management y la importancia de utilizar la analítica de datos en el sector hotelero. Con los continuos avances tecnológicos y la creciente disponibilidad de datos, la incorporación de la analítica de datos será cada vez más esencial para los hoteles rurales, ya que su objetivo es maximizar los ingresos y lograr el éxito a largo plazo en un mercado competitivo.

INTEGRACIÓN DEL SISTEMA REVENUE MANAGEMENT CON OTROS SISTEMAS HOTELEROS

Una forma de lograr esta integración es conectar el sistema de revenue management con el sistema de gestión de la propiedad (SGP). Al hacerlo, se puede sincronizar fácilmente información como reservas, disponibilidad y tarifas de habitaciones, lo que permite actualizaciones en tiempo real y una gestión precisa del inventario. Esta integración también permite que el sistema revenue management tenga acceso a los datos de los huéspedes, lo que posibilita esfuerzos de marketing específicos y estrategias de precios personalizadas. Otro sistema importante que debe integrarse con el sistema de revenue management es el sistema central de reservas (CRS). Una comunicación fluida entre los dos sistemas garantiza que todos los canales de distribución se actualicen simultáneamente con las tarifas y la disponibilidad más actuales, minimizando el riesgo de sobreventa o malbaratamiento. Integrar el sistema de revenue management con el sistema de gestión de las relaciones con los clientes (CRM) puede mejorar aún más las capacidades de revenue management del hotel. Combinando los datos de ambos sistemas, los hoteles pueden conocer a fondo las preferencias y el comportamiento de sus clientes, lo que les permite adaptar sus estrategias de marketing y sus decisiones de precios en consecuencia. Integrar el sistema de revenue management con el sistema de punto de venta (TPV) permite hacer un seguimiento en tiempo real de los ingresos y los gastos. Esta integración proporciona información valiosa sobre la rentabilidad de los distintos flujos de ingresos, lo que permite a los gestores tomar decisiones informadas sobre precios, descuentos y promociones. La integración del sistema de revenue management con el sistema de inteligencia empresarial (BI) puede proporcionar valiosos análisis de datos y capacidades de elaboración de informes. La integración permite analizar datos históricos, tendencias de rendimiento y demanda del mercado, facilitando los procesos de previsión y toma de decisiones. Al fusionar estos sistemas, los hoteles pueden obtener información significativa sobre las condiciones del mercado, el comportamiento de los clientes y las oportunidades de ingresos, lo que en última instancia impulsa el crecimiento de los ingresos y aumenta la rentabilidad. Integrar el sistema de revenue management con otros sistemas del hotel es vital para optimizar los ingresos y mejorar la eficacia operativa. Al conectar el sistema de revenue management con los sistemas PMS, CRS, CRM, POS y BI, los hoteles pueden sincronizar datos, automatizar procesos y obtener información valiosa sobre sus clientes, mercados y operaciones. Esta integración mejora la gestión del inventario, agiliza los canales de distribución, personaliza las estrategias de precios, hace un seguimiento de los ingresos y gastos, y proporciona valiosos análisis de datos. Un sistema de revenue management bien integrado contribuye a aumentar los ingresos y la rentabilidad del hotel.

X. FORMACIÓN Y EDUCACIÓN DEL PERSONAL

Los empleados de un hotel son los que interactúan directamente con los huéspedes y tienen poder para influir en su experiencia. Es esencial que el personal esté bien formado en los principios y técnicas del revenue management. Formando al personal sobre las estrategias de revenue management, pueden comprender mejor la importancia de maximizar los ingresos y ofrecer un servicio óptimo a los huéspedes. Los programas de formación pueden incluir temas como la optimización de tarifas, la gestión de inventarios y las técnicas de previsión. Además de los conocimientos teóricos, también debe incluirse formación práctica para que los empleados puedan aplicar los conceptos de revenue management en situaciones reales. Esto puede hacerse mediante ejercicios de juego de rol o simulaciones. Debe proporcionarse formación continua para garantizar que los miembros del personal estén al día de los últimos avances en las prácticas de revenue management. Esto puede conseguirse mediante talleres, seminarios web o conferencias del sector. Cuando los empleados están bien formados e instruidos en revenue management, pueden tomar decisiones con conocimiento de causa que repercutan positivamente en los resultados económicos del hotel. Pueden identificar oportunidades para maximizar los ingresos y tomar las medidas adecuadas para aprovecharlas. Un personal bien formado puede comunicar eficazmente las estrategias de revenue management a los huéspedes, ayudándoles a comprender el valor que están recibiendo y a vender potencialmente servicios o comodidades adicionales. Esto no sólo genera ingresos adicionales, sino que también mejora la experiencia general de los huéspedes. La formación y la educación del personal contribuyen a una cultura de mejora continua dentro del hotel. Al invertir en el desarrollo de las habilidades de revenue management de los empleados, el hotel demuestra su compromiso con la excelencia y establece un alto nivel de rendimiento. Esta cultura de mejora continua puede motivar a los empleados a buscar activamente oportunidades de aumentar los ingresos y contribuir al éxito del hotel. Los empleados que reciben formación y educación en revenue management tienen más probabilidades de estar comprometidos y satisfechos con sus funciones. Se sienten orgullosos y realizados cuando son capaces de aplicar sus conocimientos para aumentar los ingresos del hotel. Esto, a su vez, conduce a una mayor retención de los empleados, ya que es más probable que los empleados satisfechos permanezcan en sus puestos y contribuyan al éxito a largo plazo del hotel. La formación y la educación del personal son componentes esenciales de una estrategia de revenue management exitosa para un hotel rural. Dotando a los empleados de los conocimientos y habilidades necesarios, el hotel puede maximizar el potencial de ingresos y mejorar la satisfacción de los huéspedes. La formación continua garantiza que los empleados estén al día de las mejores prácticas del sector y fomenta una cultura de mejora continua. Invirtiendo en el desarrollo de los empleados, los hoteles pueden crear un equipo de personas motivadas y capacitadas, comprometidas con el crecimiento de los ingresos y la prestación de un servicio excepcional.

IMPARTIR FORMACIÓN SOBRE PRINCIPIOS Y ESTRATEGIAS DE REVENUE MANAGEMENT

El revenue management consiste en maximizar los ingresos mediante la asignación estratégica de recursos y la fijación de precios. Ofreciendo formación al personal del hotel, sobre todo al de ventas y marketing, el hotel puede asegurarse de que comprenden a fondo los conceptos de revenue management y están equipados con las habilidades necesarias para aplicar eficazmente las estrategias de revenue management. La formación puede incluir temas como la previsión de la demanda, la optimización de los precios, la gestión de la distribución y el uso eficaz de las herramientas tecnológicas. Al impartir estos conocimientos al personal, el hotel puede mejorar su capacidad para identificar posibles oportunidades de ingresos, tomar decisiones informadas sobre precios y gestionar eficazmente las fluctuaciones de la demanda. Impartir formación sobre revenue management puede ayudar a fomentar una cultura de optimización de los ingresos dentro del hotel, animando a todos los miembros del personal a tener en cuenta las consideraciones relativas a los ingresos en sus actividades cotidianas. Esto puede conducir a una mayor cooperación y coordinación entre los distintos departamentos, garantizando que las estrategias de revenue management se apliquen de forma coherente y eficaz en toda la organización. Ofrecer formación sobre revenue management también puede ayudar a atraer y retener a empleados cualificados, ya que demuestra el compromiso del hotel con el desarrollo profesional y proporciona a los empleados valiosas habilidades que pueden mejorar sus carreras en el sector hotelero.

Al impartir formación sobre los principios y estrategias del revenue management, un hotel rural puede dotar a su personal de los conocimientos y habilidades necesarios para optimizar los ingresos y mejorar el rendimiento general.

CAPACITAR AL PERSONAL PARA TOMAR DECISIONES RELACIONADAS CON LOS INGRESOS

Dando al personal autoridad y conocimientos para tomar decisiones relacionadas con los ingresos, los hoteles pueden aprovechar su experiencia y creatividad colectivas. Esta capacitación puede conducir a un enfoque más dinámico y flexible de la revenue management, que permita al hotel adaptarse rápidamente a las cambiantes condiciones del mercado. Cuando los empleados sienten que se confía en ellos y se les valora, es más probable que asuman sus decisiones y hagan un esfuerzo adicional para generar ingresos para el hotel. El resultado puede ser una mayor satisfacción de los empleados y un mayor nivel de compromiso, dos factores importantes para mantener un entorno de trabajo positivo y ofrecer experiencias excepcionales a los huéspedes. Facultar al personal para tomar decisiones relacionadas con los ingresos puede facilitar la delegación de tareas y responsabilidades, aliviando la carga de la dirección y creando un funcionamiento más eficaz. Esto puede liberar a los directivos para que se centren en la planificación y el análisis estratégicos, en lugar de estar atascados en la toma de decisiones cotidianas. Es importante proporcionar al personal la formación y orientación necesarias para garantizar que tienen las habilidades y conocimientos necesarios para tomar decisiones sobre ingresos con conocimiento de causa. Esto puede incluir sesiones de formación, talleres y apoyo y comentarios continuos. Invirtiendo en el desarrollo del personal, los hoteles pueden dotar a sus empleados de las herramientas que necesitan para tomar decisiones eficaces sobre los ingresos y contribuir al éxito general del hotel. La comunicación y colaboración regulares entre los miembros del personal y la dirección pueden ayudar a fomentar una cultura de responsabilidad compartida y trabajo en equipo. Esto puede crear un entorno de trabajo positivo e integrador en el que el personal se sienta capacitado y motivado para contribuir a los objetivos de ingresos del hotel. Facultar al personal para tomar decisiones relacionadas con los ingresos es una estrategia valiosa para un revenue management eficaz en los hoteles rurales. No sólo aprovecha la experiencia y creatividad de los empleados, sino que también mejora su satisfacción y compromiso. Al delegar la autoridad para tomar decisiones, los directivos pueden centrarse en la planificación y el análisis estratégicos, lo que conduce a operaciones más eficaces. Es importante proporcionar al personal la formación y el apoyo necesarios para garantizar que tienen las habilidades y los conocimientos necesarios para tomar decisiones con conocimiento de causa. La comunicación y colaboración periódicas entre el personal y la dirección pueden mejorar aún más la eficacia de este enfoque y fomentar una cultura de responsabilidad compartida. Capacitar al personal para tomar decisiones relacionadas con los ingresos puede contribuir en última instancia al éxito y la rentabilidad generales de un hotel rural.

SUPERVISAR EL RENDIMIENTO DEL PERSONAL Y PROPORCIONAR RETROALIMENTACIÓN

Controlando el rendimiento del personal, los directores de hotel pueden identificar las áreas en las que es necesario mejorar y tomar las medidas adecuadas para abordarlas. Las evaluaciones periódicas del rendimiento pueden ayudar a valorar los puntos fuertes y débiles de cada empleado, lo que permite a los directores centrarse en las áreas susceptibles de mejora y proporcionar comentarios específicos. Este feedback es esencial para el crecimiento y el desarrollo de los empleados, ya que no sólo pone de relieve las áreas en las que destacan, sino que también les orienta sobre cómo pueden mejorar su rendimiento en las áreas que necesitan mejorar. Al proporcionar comentarios claros y constructivos, los directores pueden motivar a su personal para que tome las medidas necesarias para mejorar sus habilidades y alcanzar los objetivos de ingresos del hotel. Las sesiones periódicas de feedback permiten a los directores ofrecer reconocimiento y agradecimiento por el trabajo bien hecho, lo que eleva la moral de los empleados y crea un entorno de trabajo positivo. Esto, a su vez, contribuye a mejorar el rendimiento del personal y la satisfacción del cliente. La supervisión y los comentarios constantes también permiten a los directivos identificar las necesidades de formación y las oportunidades de desarrollo profesional. Al identificar las carencias de cualificación, los directores pueden organizar programas de formación o seminarios pertinentes para dotar al personal de los conocimientos y habilidades necesarios para sobresalir en sus funciones. Invirtiendo en el desarrollo continuo del personal, los hoteles rurales pueden asegurarse de que sus empleados están al día de las tendencias y mejores prácticas del sector, lo que les coloca en mejor posición para impulsar el crecimiento de los ingresos. Otra ventaja de supervisar el rendimiento del personal y proporcionarle información de retorno es que ayuda a identificar y abordar cualquier problema que pueda estar obstaculizando el rendimiento de los empleados. Al revisar periódicamente los datos y las métricas de rendimiento, los directivos pueden identificar cualquier problema u obstáculo de rendimiento que deba abordarse con prontitud. Esto podría incluir abordar problemas relacionados con la carga de trabajo, el flujo de trabajo, los equipos o los recursos. Al abordar estas cuestiones con prontitud, los directivos pueden garantizar que los empleados dispongan del apoyo y los recursos necesarios para desempeñar sus funciones con eficacia y eficiencia. Al abordar los problemas de rendimiento a tiempo, los directores pueden evitar que se agraven y afecten negativamente a los ingresos y la reputación del hotel. Supervisar el rendimiento del personal y darle su opinión es un componente esencial del revenue management en los hoteles rurales. Evaluando sistemáticamente el rendimiento, proporcionando comentarios constructivos y abordando cualquier obstáculo, los directores pueden motivar a su personal para lograr un rendimiento óptimo. Esto, a su vez, contribuye a mejorar la satisfacción del cliente, aumentar los ingresos y el éxito general del hotel. Los directores de hoteles rurales deben dar prioridad a la supervisión periódica del rendimiento del personal e invertir en formación para asegurarse de que sus empleados cuentan con el apoyo necesarios para impulsar el crecimiento de los ingresos en un mercado competitivo.

XI. TECNOLOGÍA Y HERRAMIENTAS

En la era moderna, los avances tecnológicos han revolucionado todos los aspectos del sector hotelero, incluido el revenue management de los hoteles rurales. La tecnología ha proporcionado a los hoteles rurales toda una serie de herramientas y plataformas para agilizar sus operaciones, mejorar la experiencia de los huéspedes y maximizar los ingresos. Una de esas herramientas es el uso de Sistemas de Gestión de la Propiedad (SGP). Los PMS permiten a los hoteles automatizar diversas funciones, como las reservas, las entradas, las salidas y los procesos de facturación. Esta automatización no sólo ahorra tiempo, sino que también reduce las posibilidades de error humano, garantizando una gestión más eficaz y precisa de las operaciones del hotel. El PMS ofrece funciones de análisis de datos, que permiten a los hoteleros hacer un seguimiento de los indicadores clave de rendimiento (KPI), como las tasas de ocupación, los ingresos por habitación disponible (RevPAR) y la tarifa media diaria (ADR). Este enfoque basado en datos permite a los gestores de hoteles rurales tomar decisiones informadas, optimizar las estrategias de precios e identificar oportunidades para aumentar los ingresos. Junto a los PMS, los canales de distribución online, como las Agencias de Viajes Online (OTA), también se han convertido en herramientas inestimables para los hoteles rurales. Las OTA conectan los hoteles con una amplia base de clientes, facilitando el acceso a huéspedes potenciales de todo el mundo. Estas plataformas proporcionan a los hoteles un alcance global, lo que les permite atraer a huéspedes que de otro modo podrían desconocer su existencia. Las OTA suelen ofrecer interfaces fáciles de usar, reservas sin problemas y sistemas de pago seguros, proporcionando a los huéspedes una experiencia sin complicaciones. Los sistemas de revenue management (RMS) han surgido como una herramienta esencial para que los hoteleros rurales optimicen sus estrategias de precios. Los RMS emplean sofisticados algoritmos para analizar la demanda del mercado, las tarifas de la competencia y los datos históricos para recomendar las tarifas por habitación y las asignaciones de inventario óptimas. Esta inteligencia de precios en tiempo real garantiza que los hoteles rurales sigan siendo competitivos y maximicen su potencial de ingresos. Los sistemas de gestión de las relaciones con los clientes (CRM) han permitido a los hoteles rurales desarrollar estrategias de marketing más personalizadas y específicas. El CRM mantiene una base de datos de información, preferencias y comportamientos de los huéspedes, lo que permite a los hoteles adaptar sus esfuerzos de marketing y ofrecer promociones y ofertas personalizadas a su público objetivo. Utilizando eficazmente el CRM, los hoteles rurales pueden mejorar la fidelidad de los huéspedes, aumentar la repetición de negocios e incrementar los ingresos. El auge de las plataformas de medios sociales no puede ignorarse al hablar de tecnología y herramientas de revenue management para hoteles rurales. Las redes sociales han abierto nuevas vías para que los hoteles se relacionen con los huéspedes y los atraigan. Los hoteles pueden aprovechar estas plataformas para mostrar sus ofertas, compartir los testimonios de los huéspedes y promocionar las atracciones locales. Las redes sociales permiten la comunicación directa con los huéspedes, lo que permite a los hoteles atender consultas, resolver problemas y ofrecer recomendaciones personalizadas. Manteniendo una presencia activa y constante en las redes sociales, los hoteles rurales pueden dar a conocer su marca, fomentar el compromiso de los clientes y, en última instancia, aumentar sus ingresos. La tecnología ha transformado significativamente el revenue management de los hoteles rurales. La llegada de herramientas como PMS, OTAs, RMS, CRM y plataformas de redes sociales ha permitido a los hoteleros rurales optimizar sus operaciones, mejorar la experiencia de los huéspedes y maximizar el potencial de ingresos. Es imperativo que los hoteles rurales adopten estos avances y se adapten al paisaje cambiante para seguir siendo competitivos en el sector.

UTILIZACIÓN DEL SOFTWARE DE REVENUE MANAGEMENT PARA EL ANÁLISIS DE DATOS

Utilizar un software de revenue management para el análisis de datos ofrece un sinfín de ventajas a los hoteles rurales. El software de revenue management permite a los hoteleros recopilar y analizar grandes cantidades de datos, lo que les permite tomar decisiones más informadas sobre la fijación de precios y la gestión del inventario. El software agrega datos de diversas fuentes, como los patrones de reserva de los clientes, las tarifas de la competencia y la demanda del mercado, proporcionando información valiosa para maximizar eficazmente los ingresos. Examinando los datos históricos y en tiempo real, los hoteleros pueden identificar tendencias y pautas, lo que les permite prever la demanda con precisión. Esto les permite elaborar estrategias de precios para optimizar los ingresos y los niveles de ocupación, sin dejar de ser competitivos en el mercado. El software de revenue management ayuda a los hoteles rurales a controlar y evaluar las métricas de rendimiento, como la tarifa media diaria, los ingresos por habitación disponible y el índice de ocupación. Analizar estas métricas ayuda a los hoteleros a identificar los periodos de bajo rendimiento y a tomar medidas proactivas para mejorar la generación de ingresos. El software de revenue management proporciona informes detallados y representaciones visuales de los datos, lo que facilita a los hoteleros la interpretación y la comunicación de la información a las partes interesadas. Estos informes pueden ayudar a fundamentar las estrategias de revenue management, destacando las áreas de mejora y las oportunidades de crecimiento. El software de revenue management suele integrarse con otros sistemas de gestión hotelera, como el software de gestión de propiedades y los canales de distribución online. Esta integración agiliza las operaciones y facilita un flujo de datos fluido entre las distintas plataformas, reduciendo el riesgo de errores y ahorrando tiempo. Con datos precisos y actualizados, los hoteles rurales pueden tomar decisiones más informadas sobre ajustes de precios y campañas promocionales. El software de revenue management permite a los hoteles aplicar estrategias de precios dinámicas, que implican ajustar las tarifas en tiempo real en función de la demanda del mercado y la actividad de la competencia. Esta flexibilidad permite a los hoteles rurales aprovechar las fluctuaciones de la demanda y optimizar los ingresos durante los periodos de mayor demanda, como las vacaciones o los eventos, al tiempo que ofrecen ofertas atractivas durante los periodos de menor demanda. Utilizar un software de revenue management para el análisis de datos permite a los hoteles rurales tomar decisiones basadas en datos, mejorar su capacidad de generación de ingresos y seguir siendo competitivos en un sector hostelero en constante evolución.

IMPLANTACIÓN DE SISTEMAS DE RESERVA ONLINE PARA REALIZAR RESERVAS SIN PROBLEMAS

Implantar sistemas de reservas online para que las reservas sean fluidas es un paso fundamental para los hoteles rurales que quieren mejorar sus estrategias de revenue management. Con la creciente popularidad de las agencias de viajes online, como Expedia y Booking.com, tener una fuerte presencia online es esencial para atraer huéspedes. Al adoptar un sistema de reservas online, los hoteleros pueden agilizar el proceso de reserva, haciéndolo cómodo y eficaz tanto para los clientes como para el personal. Los sistemas de reservas online ofrecen numerosas ventajas, como la accesibilidad 24/7, que permite a los huéspedes potenciales hacer reservas en cualquier momento, independientemente de su ubicación o zona horaria. Estos sistemas pueden proporcionar información sobre disponibilidad y precios en tiempo real, lo que permite a los clientes tomar decisiones con conocimiento de causa. Integrar los sistemas de reservas online con el sitio web y las plataformas de redes sociales de un hotel puede aumentar su visibilidad y llegar a huéspedes potenciales que, de otro modo, quizá no se hubieran planteado alojarse en una localidad rural. La implantación de sistemas de reservas online también ayuda a los hoteles a gestionar eficazmente su inventario automatizando el proceso de reserva. Como resultado, los hoteleros pueden optimizar la utilización de sus habitaciones, minimizar el riesgo de overbooking y asegurarse de que cada reserva se introduce con precisión en el sistema. Estos sistemas pueden generar datos y análisis valiosos que ayuden a los hoteles a tomar decisiones de revenue management basadas en datos. Analizando las tendencias en las pautas de reserva, los índices de ocupación y los precios, los hoteleros pueden ajustar sus estrategias para maximizar los ingresos y la rentabilidad. Los sistemas de reservas online pueden integrarse con otras herramientas de revenue management, como el software de precios dinámicos, para ofrecer precios personalizados a los huéspedes en función de factores como la demanda, la estacionalidad y los segmentos de clientes. La implantación de sistemas de reservas online también abre oportunidades para campañas promocionales y de marketing específicas. Al capturar la información de contacto de los huéspedes durante el proceso de reserva, los hoteles pueden enviarles correos electrónicos u ofertas personalizadas, fomentando la repetición de reservas y la fidelidad. Aprovechando las opiniones y valoraciones en línea de huéspedes satisfechos, los hoteles pueden mejorar su reputación y atraer a nuevos clientes. Es crucial que los hoteles rurales seleccionen cuidadosamente un sistema de reservas online que se ajuste a sus necesidades específicas y a su presupuesto. Factores como la facilidad de uso, la capacidad de integración, la atención al cliente y el coste deben tenerse en cuenta a la hora de elegir un sistema. Los hoteleros deben asegurarse de que su sistema de reservas online cumple la normativa de seguridad y protección de datos para salvaguardar la información de los huéspedes. Implantar sistemas de reservas online es un paso crucial para que los hoteles rurales mejoren sus estrategias de revenue management y sigan siendo competitivos en el sector hotelero moderno. Estos sistemas ofrecen numerosas ventajas, como reservas sin problemas, mayor comodidad para los huéspedes, mayor visibilidad, gestión optimizada del inventario, valiosos análisis de datos y oportunidades de marketing específicas. Seleccionando e integrando cuidadosamente un sistema de reservas online, los hoteles rurales pueden agilizar sus operaciones, mejorar la experiencia de los huéspedes y maximizar su potencial de ingresos.

UTILIZAR LOS CUADROS DE MANDO DE REVENUE MANAGEMENT PARA OBTENER INFORMACIÓN EN TIEMPO REAL

Los cuadros de mando de revenue management son una herramienta esencial para que los hoteles obtengan información en tiempo real sobre el rendimiento de sus ingresos. Estos cuadros de mando ofrecen una visión completa de los datos de ingresos del hotel, lo que permite a los gestores tomar decisiones informadas y optimizar sus estrategias de ingresos. Analizando métricas clave como los índices de ocupación, las tarifas medias diarias y los ingresos por habitación disponible, los directores de hotel pueden identificar tendencias y pautas y ajustar en consecuencia sus estrategias de precios e inventario. Los cuadros de mando de revenue management permiten a los gestores seguir y evaluar la eficacia de sus campañas de marketing y actividades promocionales. Controlando el rendimiento de los distintos canales y segmentos, los hoteles pueden asignar sus recursos de forma más eficaz e invertir en iniciativas que generen los mayores beneficios. La información en tiempo real que proporcionan los cuadros de mando de revenue management permite a los hoteles responder con rapidez a los cambios en las condiciones del mercado y la demanda de los clientes. Al supervisar continuamente sus datos de ingresos, los directores de hotel pueden identificar rápidamente cualquier fluctuación en la demanda y ajustar sus precios y disponibilidad para maximizar el potencial de ingresos. Este enfoque proactivo puede ayudar a los hoteles a seguir siendo competitivos en un mercado dinámico y evitar perder oportunidades de ingresos. Los cuadros de mando de revenue management también pueden ayudar a los hoteles a identificar posibles fugas de ingresos y optimizar sus estructuras de precios. Analizando los datos sobre la integridad y la paridad de las tarifas, los directores de hotel pueden identificar cualquier incoherencia o disparidad en sus precios en los distintos canales y tomar medidas correctoras. Esto no sólo ayuda a los hoteles a mantener una estrategia de precios coherente, sino que también garantiza que no pierdan ingresos por subcotización o sobrecotización. Los cuadros de mando de revenue management pueden proporcionar información valiosa sobre las preferencias de los clientes y las pautas de reserva. Analizando los datos demográficos de los clientes, el comportamiento de las reservas anteriores y la duración de la estancia, los hoteles pueden adaptar sus ofertas y promociones a segmentos específicos de clientes, mejorando así la satisfacción de los clientes e impulsando la repetición del negocio. Los cuadros de mando de revenue management pueden integrar datos de diversas fuentes, como agencias de viajes online, sistemas de distribución global y sistemas de gestión de propiedades. Al consolidar los datos de distintos canales y plataformas en un único panel, los hoteles pueden centralizar sus procesos de revenue management y tomar decisiones más precisas y oportunas. Esto también permite una mejor colaboración y comunicación entre los distintos departamentos, garantizando que todos tengan acceso a la misma información en tiempo real. Los cuadros de mando de revenue management proporcionan a los hoteles información en tiempo real sobre el rendimiento de sus ingresos, lo que permite a los gestores tomar decisiones con conocimiento de causa y optimizar sus estrategias de ingresos.

Analizando las métricas clave, controlando las condiciones del mercado e identificando posibles fugas de ingresos, los hoteles pueden aumentar su potencial de ingresos y seguir siendo competitivos en un mercado dinámico. Los cuadros de mando de revenue management ayudan a los hoteles a responder rápidamente a los cambios en la demanda de los clientes y a adaptar sus ofertas a segmentos específicos de clientes. Al integrar datos de distintas fuentes, estos cuadros de mando permiten a los hoteles centralizar sus procesos de revenue management y mejorar la colaboración entre los distintos departamentos. Los cuadros de mando de revenue management son una poderosa herramienta que puede impulsar el crecimiento de los ingresos y mejorar el rendimiento financiero general de un hotel.

XII. SEGUIMIENTO Y EVALUACIÓN

Mediante la supervisión, el hotel puede hacer un seguimiento de su rendimiento, identificar áreas de mejora y tomar decisiones informadas basadas en datos. Esto implica la recopilación y el análisis de varios indicadores clave de rendimiento, como el índice de ocupación de habitaciones, la tarifa media diaria, los ingresos por habitación disponible y los ingresos totales generados. Controlando regularmente estos indicadores, el hotel puede evaluar sus ingresos actuales y compararlos con los objetivos y puntos de referencia deseados. La supervisión permite identificar tendencias y pautas emergentes que pueden afectar a los ingresos del hotel, como la estacionalidad, la demanda del mercado o las preferencias de los clientes. Esta información es esencial para que el hotel adapte y ajuste sus estrategias de revenue management en consecuencia. La evaluación, por su parte, implica la valoración continua de la eficacia y eficiencia de las prácticas de revenue management. Implica analizar los resultados obtenidos mediante las estrategias de revenue management y evaluar su impacto en los resultados financieros del hotel. Esto incluye evaluar el rendimiento de la inversión de las distintas iniciativas de revenue management, analizar la eficacia de las estrategias de precios y evaluar el éxito de las campañas promocionales. La evaluación también implica comparar los resultados del hotel con los puntos de referencia del sector y los competidores, para identificar las áreas en las que el hotel puede mejorar y seguir siendo competitivo. Evaluando rigurosamente las prácticas de revenue management, el hotel puede identificar puntos fuertes y débiles, tomar decisiones con conocimiento de causa y aplicar cambios que optimicen la generación de ingresos. Para controlar y evaluar eficazmente el revenue management, el hotel debe disponer de los sistemas y herramientas necesarios. Esto incluye implantar un sólido sistema de revenue management que recoja y consolide datos de diversas fuentes. Este sistema debe proporcionar informes y análisis completos que permitan al hotel analizar fácilmente los indicadores clave de rendimiento y seguir los progresos a lo largo del tiempo. El hotel debe emplear personal cualificado que pueda interpretar los datos con destreza y proporcionar información práctica. La formación periódica y el desarrollo profesional del personal de revenue management son cruciales para garantizar que tienen las habilidades y los conocimientos necesarios para analizar e interpretar los datos con precisión. El hotel debe establecer un sistema de revisiones periódicas del rendimiento y sesiones de feedback para abordar con prontitud cualquier problema o reto. Esto permite mejorar y perfeccionar continuamente las estrategias de revenue management. La supervisión y la evaluación son componentes esenciales del revenue management de un hotel rural. Controlando periódicamente los indicadores clave de rendimiento, el hotel puede tomar decisiones informadas basadas en datos e identificar áreas de mejora. La evaluación permite valorar la eficacia y eficiencia de las prácticas de revenue management y proporciona información sobre los resultados financieros del hotel. Para controlar y evaluar eficazmente el revenue management, el hotel debe disponer de sistemas, herramientas, y personal cualificado. Aplicando un sólido proceso de seguimiento y evaluación, el hotel puede optimizar su generación de ingresos y seguir siendo competitivo.

SEGUIMIENTO DE LOS INDICADORES CLAVE DE RENDIMIENTO PARA MEDIR EL RENDIMIENTO DE LOS INGRESOS

Los indicadores clave de rendimiento (KPI) proporcionan información valiosa sobre la salud financiera y el éxito de un hotel al cuantificar las métricas clave que influyen en la generación de ingresos. Controlando los KPI con regularidad, los hoteleros pueden identificar tendencias, evaluar el rendimiento y tomar decisiones estratégicas con conocimiento de causa para mejorar los resultados de los ingresos. Un KPI importante a tener en cuenta es la tarifa media diaria (ADR), que representa los ingresos medios generados por habitación ocupada. Una ADR más alta indica que los huéspedes están dispuestos a pagar más por su estancia, lo que se traduce en mayores ingresos para el hotel. Otro KPI importante es el ingreso por habitación disponible (RevPAR), que mide la eficacia del hotel en la utilización de su inventario de habitaciones disponibles para generar ingresos. Un RevPAR más alto indica que el hotel está maximizando su potencial de ingresos y gestionando eficazmente su inventario. El índice de ocupación es un KPI crítico que indica el porcentaje de habitaciones disponibles que se llenan en un periodo determinado. Un índice de ocupación más alto implica una mayor demanda, lo que se traduce en mayores ingresos para el hotel. La duración media de la estancia (LOS) es una métrica importante, ya que influye directamente en los ingresos. Una LOS más larga suele traducirse en mayores ingresos, ya que los huéspedes se quedan más tiempo y generan más ingresos por estancia.

La tasa de cancelación de reservas debe controlarse, ya que puede afectar al rendimiento de los ingresos. Un índice de cancelación más alto indica una posible pérdida de ingresos debida a cancelaciones de última hora, lo que requiere medidas proactivas para minimizar las cancelaciones y maximizar los ingresos. Otro KPI vital que hay que controlar son los ingresos generados por los servicios auxiliares, como comida y bebida, spa y eventos. Controlando los ingresos generados por estas fuentes, los hoteleros pueden identificar áreas de oportunidad para la venta cruzada y la venta adicional, impulsando aún más el crecimiento de los ingresos. El coste por habitación ocupada (CPOR) es un KPI crucial para medir la eficiencia financiera del hotel. Calculando los costes asociados al servicio de cada habitación ocupada, los hoteleros pueden evaluar la rentabilidad de sus operaciones y tomar las medidas necesarias para optimizar la gestión de costes. El seguimiento de los indicadores clave de rendimiento es imprescindible para medir el rendimiento de los ingresos en el sector hotelero. KPI como ADR, RevPAR, tasa de ocupación, LOS, tasa de cancelación de reservas, ingresos por servicios auxiliares y CPOR proporcionan información valiosa sobre la salud financiera y el éxito de un hotel. Controlando regularmente estas métricas, los hoteleros pueden identificar áreas de mejora, tomar decisiones estratégicas con conocimiento de causa y, en última instancia, mejorar los resultados de ingresos.

REALIZAR REVISIONES Y ANÁLISIS PERIÓDICOS DE LOS INGRESOS

Revisando y analizando periódicamente los datos de ingresos, los directores de hotel pueden obtener información valiosa sobre el rendimiento de sus estrategias de ingresos, identificar áreas de mejora y tomar decisiones basadas en datos para optimizar los ingresos. Realizar revisiones periódicas de los ingresos permite a los hoteles seguir el rendimiento de sus ingresos a lo largo del tiempo e identificar tendencias y pautas que pueden ayudarles a comprender mejor su mercado y el comportamiento de sus clientes. El análisis de los datos de ingresos también puede revelar oportunidades de crecimiento de los ingresos, como la identificación de periodos de gran demanda o servicios populares que pueden capitalizarse más. El análisis de los ingresos permite a los hoteles identificar fugas de ingresos o ineficiencias en sus operaciones, como discrepancias en los precios o activos infrautilizados. Al abordar estos problemas, los hoteles pueden maximizar su potencial de ingresos y aumentar su rentabilidad. Las revisiones periódicas de los ingresos proporcionan a los hoteles información sobre las estrategias de precios y el posicionamiento en el mercado de sus competidores, lo que les permite ajustar sus propias estrategias de precios en consecuencia. Esta información puede ser muy valiosa para los hoteles rurales, ya que a menudo se enfrentan a retos únicos debido a su ubicación y a la competencia. Realizar revisiones y análisis periódicos de los ingresos facilita la colaboración y la comunicación entre los distintos departamentos del hotel, ya que los datos sobre ingresos suelen recopilarse de diversas fuentes. Este conocimiento compartido permite a todos los miembros del equipo comprender los objetivos de ingresos del hotel y trabajar en colaboración para alcanzarlos. Las revisiones de los ingresos también pueden ayudar a identificar las lagunas en la formación o las habilidades del personal que puedan estar inhibiendo el rendimiento de los ingresos. Al abordar estas carencias, los hoteles pueden mejorar su estrategia general de ingresos y asegurarse de que todos los empleados están alineados con los mismos objetivos de ingresos. Realizar análisis periódicos de los ingresos permite a los hoteles controlar la eficacia de las herramientas o tecnologías de revenue management que hayan implantado. Al evaluar el impacto de estas herramientas en el rendimiento de los ingresos, los hoteles pueden tomar decisiones informadas sobre su uso y posibles inversiones en otras soluciones de revenue management. Realizar revisiones y análisis periódicos de los ingresos es esencial para que los hoteles rurales gestionen eficazmente sus ingresos. Estas revisiones proporcionan información valiosa sobre el rendimiento de los ingresos del hotel, identifican áreas de mejora y facilitan la toma de decisiones basada en datos. Analizando los datos de ingresos, los hoteles pueden optimizar sus estrategias de ingresos, aumentar la rentabilidad y seguir siendo competitivos en su mercado. Las revisiones de ingresos fomentan la colaboración y la comunicación entre los distintos departamentos del hotel, abordan las necesidades de formación de los empleados y evalúan la eficacia de las herramientas de revenue management. Las revisiones y análisis periódicos de los ingresos desempeñan un papel crucial en el revenue management de los hoteles rurales y deben ser una práctica constante para un crecimiento sostenible de los ingresos.

AJUSTAR LAS ESTRATEGIAS DE REVENUE MANAGEMENT EN FUNCIÓN DE LOS RESULTADOS DE LA EVALUACIÓN

Hacer ajustes en las estrategias de revenue management basándose en los resultados de la evaluación es un paso crucial para garantizar la eficacia y el éxito de un sistema de revenue management. Evaluando periódicamente el rendimiento de las estrategias de revenue management aplicadas, los directores de hotel pueden identificar áreas de mejora y hacer los ajustes necesarios para aumentar la generación de ingresos. Un aspecto importante de la evaluación es examinar los datos de ingresos y analizar las métricas clave, como la tarifa media diaria, el índice de ocupación y los ingresos por habitación disponible. Estas métricas proporcionan información sobre la eficacia de las estrategias de fijación de precios y gestión del inventario. Si la tarifa media diaria es inferior a la deseada, puede indicar la necesidad de ajustar las estrategias de precios para atraer más clientes. Si la tasa de ocupación es sistemáticamente alta o baja, puede indicar la necesidad de reevaluar las prácticas de gestión del inventario. Evaluar el rendimiento de las estrategias de revenue management también implica controlar la eficacia de los canales de distribución. Esto incluye analizar el rendimiento de las agencias de viajes online, las reservas directas y otros canales. Comparando y contrastando el rendimiento de los distintos canales de distribución, los gestores hoteleros pueden identificar los canales que generan mayores ingresos y asignar los recursos en consecuencia. Si una determinada agencia de viajes online produce sistemáticamente bajos ingresos, el hotel puede decidir disminuir su dependencia de ese canal y centrarse en canales más rentables. Los resultados de la evaluación también pueden arrojar luz sobre el impacto de los factores externos en las estrategias de revenue management. Analizando los datos de ingresos durante las temporadas altas frente a las temporadas bajas, los directores de hotel pueden evaluar la eficacia de las estrategias de precios durante los distintos periodos. Esta información puede orientarles a la hora de ajustar las estrategias de precios para maximizar los ingresos durante las temporadas altas y mantener la rentabilidad durante las temporadas bajas. Los resultados de la evaluación pueden poner de relieve el impacto de las iniciativas de marketing en la generación de ingresos. Analizando los datos de ingresos antes y después de poner en marcha una campaña de marketing, los directores de hotel pueden determinar si la campaña ha conseguido atraer a más clientes y aumentar los ingresos. Los ajustes de las estrategias de revenue management basados en los resultados de la evaluación deben ser un proceso iterativo. Los directores de hotel deben evaluar continuamente el rendimiento de las estrategias de revenue management y hacer los ajustes necesarios para seguir respondiendo a las condiciones cambiantes del mercado. Esto puede implicar la celebración de reuniones periódicas sobre ingresos para reunir a los principales interesados y debatir los resultados de la evaluación. Al implicar a miembros clave del equipo, como los revenue managers, los directores de ventas y los directores de marketing, los directores de hotel pueden beneficiarse de diversas perspectivas y conocimientos. Este enfoque colaborativo garantiza que los ajustes estén bien informados y se ejecuten correctamente. Es importante documentar y hacer un seguimiento de los resultados de los ajustes realizados en las estrategias de revenue management. Esto permite a los directores de hotel aprender de experiencias pasadas y determinar la eficacia de ajustes anteriores. Al mantener un registro de los ajustes y su impacto en la generación de ingresos, los directores de hotel pueden crear una base de conocimientos que sirva de base para futuros procesos de toma de decisiones. Ajustar las estrategias de revenue management en función de los resultados de las evaluaciones es un proceso continuo, vital para el éxito de un sistema de revenue management. Evaluando las métricas clave, supervisando los canales de distribución, teniendo en cuenta los factores externos e implicando a los miembros clave del equipo, los directores de hotel pueden hacer ajustes con conocimiento de causa para mejorar la generación de ingresos. Este proceso iterativo garantiza que las estrategias de revenue management sigan respondiendo a las condiciones del mercado y maximicen la rentabilidad.

XIII. COLABORACIÓN CON LAS EMPRESAS LOCALES

Al asociarse con empresas locales, como restaurantes, operadores turísticos y tiendas de recuerdos, el hotel puede ofrecer a sus huéspedes una experiencia completa y personalizada. El hotel puede colaborar con un restaurante cercano para ofrecer paquetes gastronómicos especiales que incluyan una comida con descuento para los huéspedes. Esto no sólo beneficia al hotel al generar ingresos adicionales mediante la asociación, sino que también mejora la experiencia general de los huéspedes, ya que pueden disfrutar de la cocina local sin tener que aventurarse lejos del hotel. Asociarse con operadores turísticos permite al hotel ofrecer excursiones y actividades a sus huéspedes, lo que no sólo mejora su estancia, sino que también genera ingresos mediante comisiones o tarifas de recomendación. Al colaborar con empresas locales, el hotel puede aprovechar la experiencia y los recursos de estas entidades, creando una situación beneficiosa para todas las partes implicadas. El hotel puede ofrecer a sus huéspedes una experiencia única y auténtica, mientras que las empresas locales se benefician de una mayor exposición y, potencialmente, de mayores ventas. La colaboración con las empresas locales también puede conducir a una mayor fidelidad de los clientes y a la repetición del negocio. Cuando los clientes están satisfechos con los servicios y experiencias que les ofrece el hotel, es más probable que vuelvan en el futuro y recomienden el establecimiento a otras personas. Este marketing boca a boca puede ser increíblemente valioso para un hotel rural que quiera atraer a más huéspedes y aumentar sus ingresos. Colaborar con empresas locales también puede ayudar al hotel a establecer relaciones sólidas dentro de la comunidad. Al apoyar a las empresas locales, el hotel se convierte en parte integrante de la economía local y fomenta la buena voluntad entre los residentes. Esto puede dar lugar a otras oportunidades de colaboración, como la organización de actos comunitarios o la participación en iniciativas turísticas locales. Colaborando con las empresas locales, el hotel puede crear un próspero ecosistema que beneficie no sólo a la propiedad, sino también a toda la comunidad. El revenue management de un hotel rural va más allá de las técnicas tradicionales de optimización de ingresos. Requiere un enfoque holístico que abarque estrategias de precios, segmentación, distribución y colaboración con las empresas locales. Aplicando estas estrategias con eficacia, un hotel rural puede maximizar su potencial de ingresos y crear una experiencia única y memorable para sus huéspedes. El revenue management no consiste sólo en ganar más dinero, sino en proporcionar valor a los huéspedes y crear un crecimiento sostenible para el hotel.

ESTABLECER ASOCIACIONES CON ATRACCIONES Y EMPRESAS LOCALES

Creando alianzas con atracciones turísticas cercanas y empresas locales, el hotel puede aprovechar una base de clientes más amplia y ofrecer experiencias únicas a los huéspedes. Colaborar con museos locales, lugares históricos o proveedores de actividades al aire libre puede crear oportunidades de ofertas de paquetes y ofertas exclusivas, atrayendo así más visitantes al hotel. Mediante estas asociaciones, el hotel también puede negociar tarifas con descuento o promociones especiales, que pueden aprovecharse para aumentar las tasas de ocupación en periodos de baja demanda. Asociarse con empresas locales, como restaurantes, bodegas o tiendas especializadas, puede mejorar la experiencia general de los huéspedes del hotel, proporcionándoles comodidades o servicios adicionales. Ofrecer vales para una cata de vinos gratuita en un viñedo cercano puede incentivar a los huéspedes a elegir el hotel rural frente a la competencia. Establecer asociaciones con empresas locales puede generar oportunidades de promoción cruzada, en las que cada socio puede promocionar las ofertas del otro entre sus respectivas bases de clientes, generando más visibilidad y reservas potenciales. Estas colaboraciones no sólo refuerzan la cuenta de resultados del hotel rural, sino que también contribuyen a la economía local fomentando el compromiso de la comunidad y apoyando el crecimiento de las empresas vecinas. Establecer asociaciones con atracciones y empresas locales es un planteamiento estratégico que no sólo diversifica las fuentes de ingresos del hotel, sino que también enriquece la experiencia de los huéspedes y fomenta el crecimiento económico de la zona rural.

CREAR PROMOCIONES Y PAQUETES CONJUNTOS PARA ATRAER A MÁS CLIENTES

Las promociones y paquetes conjuntos son una valiosa estrategia para atraer más clientes a un hotel rural. Asociándose con empresas o atracciones locales, el hotel puede crear ofertas atractivas que respondan a diversos intereses. El hotel podría colaborar con un balneario cercano para ofrecer un paquete de fin de semana con descuento que incluya una estancia de una noche y un tratamiento en el balneario. Esta promoción conjunta no sólo atrae a personas que buscan una escapada relajante, sino que también permite al hotel aprovechar la clientela existente del balneario. El hotel podría asociarse con un popular proveedor de actividades al aire libre para ofrecer paquetes de aventura, que podrían incluir actividades como senderismo, kayak y tirolina. Combinando estas actividades con una estancia en el hotel, éste puede atraer a entusiastas de las actividades al aire libre que busquen alojamiento en la zona. Las promociones y paquetes conjuntos no sólo aportan valor añadido a los clientes, sino que también crean una asociación mutuamente beneficiosa entre el hotel y otras empresas locales. Colaborando con socios, el hotel puede ampliar su alcance y aumentar su visibilidad en el mercado. Esta estrategia puede ser especialmente eficaz para un hotel rural que puede tener dificultades con el escaso tráfico peatonal y una exposición limitada. Las promociones y paquetes conjuntos también pueden permitir al hotel diferenciarse de la competencia y crear una propuesta de venta única. Al ofrecer experiencias únicas y personalizadas, el hotel puede destacar en un mercado saturado y atraer a clientes que buscan algo diferente. El hotel podría colaborar con una bodega cercana para crear un paquete de cata de vinos, que incluya una visita guiada al viñedo, una sesión de cata y una botella de vino al registrarse. Este tipo de paquete no sólo atrae a los entusiastas del vino, sino que también proporciona una experiencia envolvente que los huéspedes recordarán y compartirán con otros. Las promociones y paquetes conjuntos son una valiosa herramienta para atraer más clientes a un hotel rural. Colaborando con empresas o atracciones locales, el hotel puede crear ofertas atractivas que satisfagan diversos intereses. Esta estrategia no sólo aporta valor añadido a los clientes, sino que permite al hotel acceder a nuevos mercados y aumentar su visibilidad. Al ofrecer experiencias únicas y personalizadas, el hotel puede diferenciarse de la competencia y crear una estancia memorable para los clientes. Las promociones y paquetes conjuntos pueden desempeñar un papel crucial a la hora de impulsar los ingresos y garantizar el éxito a largo plazo de un hotel rural.

APROVECHAR LOS ACONTECIMIENTOS Y FESTIVALES LOCALES PARA AUMENTAR LOS INGRESOS HOTELEROS

Una estrategia eficaz para aumentar los ingresos hoteleros en una zona rural es aprovechar los acontecimientos y festivales locales. Las zonas rurales suelen tener una variedad de acontecimientos y festivales únicos que atraen a visitantes de cerca y de lejos. Aprovechando estos acontecimientos, los hoteles pueden aumentar sus índices de ocupación y sus ingresos globales. Un hotel situado cerca de un festival de música popular puede ofrecer paquetes especiales y promociones dirigidas específicamente a los asistentes al festival. Podrían incluir descuentos en las habitaciones, transporte gratuito de ida y vuelta al recinto del festival y acceso exclusivo a fiestas o eventos posteriores. Ofreciendo estos atractivos incentivos, los hoteles pueden atraer a los asistentes al festival y generar ingresos adicionales. Los hoteles pueden asociarse con los organizadores del evento para proporcionar alojamiento a los artistas, el personal y los asistentes, aumentando aún más su base de clientes. Los hoteles pueden crear paquetes especiales para otros eventos locales, como ferias agrícolas, torneos deportivos o festivales culturales. Estos paquetes pueden incluir tarifas con descuento, entradas a las actividades del evento e incluso visitas guiadas a la zona. Creando estos paquetes a medida, los hoteles pueden atraer a un mercado objetivo específico y posicionarse como la opción de alojamiento preferida para los asistentes al evento. Los hoteles también pueden aprovechar los periodos valle organizando sus propios eventos o seminarios exclusivos. Si organizan eventos en épocas más tranquilas, los hoteles pueden atraer a visitantes que de otro modo no se habrían planteado alojarse en la zona. Un hotel situado cerca de un viñedo podría organizar catas de vino o talleres entre semana para atraer a aficionados al vino que buscan una experiencia única. Esto no sólo aumenta los ingresos, sino que también ayuda a promocionar el hotel como destino en sí mismo. Asociarse con empresas y atracciones locales también puede ayudar a los hoteles a aprovechar los eventos y festivales locales. Desarrollando asociaciones estratégicas, los hoteles pueden ofrecer a los huéspedes descuentos exclusivos o acceso a atracciones o actividades cercanas. Un hotel situado cerca de una ruta de senderismo podría colaborar con una empresa local de aventuras para ofrecer paquetes de aventura con descuento a los huéspedes del hotel. Esto no sólo mejora la experiencia de los huéspedes, sino que anima a los visitantes a prolongar su estancia y explorar la zona. Aprovechar los eventos y festivales locales puede ser una estrategia eficaz para aumentar los ingresos hoteleros en las zonas rurales. Creando paquetes a medida, organizando sus propios eventos y asociándose con empresas locales, los hoteles pueden aprovechar la afluencia de visitantes que asisten a estos eventos y crear una experiencia única y atractiva para sus huéspedes. La clave está en comprender el mercado objetivo, identificar los eventos más atractivos y desarrollar ofertas y promociones atractivas que diferencien al hotel de la competencia.

XIV. PRÁCTICAS SOSTENIBLES DE REVENUE MANAGEMENT

Estas prácticas implican aplicar estrategias que no sólo maximicen los ingresos a corto plazo, sino que también respeten y preserven el entorno natural y la comunidad local. Una de estas prácticas es la adopción de sistemas energéticamente eficientes dentro del hotel. Esto incluye el uso de luces LED, la instalación de interruptores con sensores de movimiento y la utilización de fuentes de energía renovables, como paneles solares. Estas medidas no sólo reducen el consumo de energía y la huella de carbono, sino que también suponen un ahorro de costes para el hotel. Otra práctica de revenue management sostenible es promover el turismo ecológico. Esto implica ofrecer paquetes que destaquen la belleza natural y el patrimonio cultural de la zona circundante, animando a los huéspedes a participar en actividades que tengan un impacto mínimo en el medio ambiente. Asociándose con operadores turísticos locales y haciendo hincapié en los viajes responsables, el hotel puede atraer a huéspedes concienciados con el medio ambiente y forjar conexiones más sólidas con la comunidad local. Aplicar prácticas de gestión de residuos puede contribuir a la sostenibilidad del hotel. Esto incluye reducir, reutilizar y reciclar los residuos generados tanto por los huéspedes como por el personal. Un programa exhaustivo de separación de residuos puede suponer un ahorro de costes gracias a la reducción de las tasas de vertido y a la posible venta de materiales reciclables. Una práctica de revenue management sostenible que no debe pasarse por alto es la conservación del agua. Instalando accesorios de bajo caudal en las habitaciones y aplicando medidas de ahorro de agua en la lavandería y la cocina, el hotel puede reducir significativamente su consumo de agua. Educar e incentivar a los huéspedes para que participen en prácticas de ahorro de agua, como reutilizar las toallas y ducharse menos, puede contribuir aún más a los esfuerzos de sostenibilidad. Aplicar estrategias de precios inteligentes también puede considerarse una práctica de revenue management sostenible. Utilizando algoritmos de precios dinámicos, el hotel puede ajustar sus tarifas en función de la demanda y la disponibilidad, maximizando los ingresos sin reservar habitaciones en exceso. Esto no sólo aumenta la rentabilidad, sino que también garantiza una distribución responsable y justa de los recursos. La aplicación de prácticas sostenibles de revenue management incluye también el apoyo a la economía local. Esto puede conseguirse adquiriendo productos y servicios locales siempre que sea posible, reduciendo así la huella de carbono asociada al transporte y apoyando a las empresas locales. Es importante establecer asociaciones con agricultores y artesanos locales, promocionando sus productos entre los huéspedes del hotel y creando oportunidades económicas dentro de la comunidad. Las prácticas sostenibles de revenue management son indispensables para el éxito y la viabilidad a largo plazo de un hotel rural. Integrando sistemas energéticamente eficientes, promoviendo un turismo respetuoso con el medio ambiente, aplicando prácticas de gestión de residuos, conservando el agua, practicando una tarificación inteligente y apoyando la economía local, el hotel puede lograr un equilibrio entre la rentabilidad financiera y una gestión medioambiental y social responsable. Estas prácticas no sólo conducen a un aumento de los ingresos, sino que también contribuyen a la conservación del entorno natural, al bienestar de la comunidad local y a la sostenibilidad general del negocio.

INCORPORA INICIATIVAS DE SOSTENIBILIDAD A LAS ESTRATEGIAS DE REVENUE MANAGEMENT

Al integrar prácticas responsables con el medio ambiente, como la conservación de la energía, la reducción de residuos y la gestión del agua, los hoteles no sólo pueden contribuir a la conservación del medio ambiente, sino también atraer a un número creciente de viajeros con conciencia social. Poner en marcha iniciativas de sostenibilidad puede ofrecer una ventaja competitiva al diferenciar al hotel de otros del mercado. El uso de aparatos energéticamente eficientes y fuentes de energía renovables puede reducir significativamente los costes operativos, con el consiguiente ahorro económico a largo plazo. Al reducir los residuos y poner en marcha programas de reciclaje, los hoteles pueden demostrar su compromiso con la sostenibilidad y atraer a huéspedes concienciados con el medio ambiente. Al incorporar prácticas sostenibles a sus estrategias de revenue management, los hoteles rurales no sólo pueden influir positivamente en el medio ambiente, sino también mejorar su rentabilidad y atraer a una base de clientes más amplia.

PROMOVER PRÁCTICAS ECOLÓGICAS PARA ATRAER A HUÉSPEDES CONCIENCIADOS CON EL MEDIO AMBIENTE

Aplicando prácticas sostenibles, como el uso de fuentes de energía renovables, programas de reciclaje y reducción de residuos, los hoteles pueden demostrar su compromiso con la gestión medioambiental. Una forma de promover estas prácticas es proporcionar información a los huéspedes sobre las iniciativas sostenibles del hotel. Los hoteles pueden colaborar con organizaciones medioambientales locales para celebrar talleres o actos que eduquen a los huéspedes sobre la importancia de las prácticas ecológicas. Mostrar certificaciones, como LEED (Liderazgo en Energía y Diseño Medioambiental), puede aumentar aún más el atractivo del hotel para los huéspedes concienciados con el medio ambiente. Estas certificaciones garantizan a los huéspedes que el hotel cumple altos estándares de sostenibilidad. Otra estrategia para fomentar las prácticas ecológicas es ofrecer incentivos a los huéspedes para que adopten comportamientos sostenibles, como descuentos por utilizar el transporte público u ofrecer servicios ecológicos. Con la creciente concienciación y preocupación por el medio ambiente, muchos viajeros buscan alojamientos que se alineen con sus valores. Promover prácticas ecológicas no sólo atrae a huéspedes concienciados con el medio ambiente, sino que también posiciona al hotel rural como un establecimiento socialmente responsable y con visión de futuro. Aplicando estas estrategias, los directores de hotel pueden acceder a un nicho de mercado de huéspedes concienciados con

el medio ambiente, aumentando los ingresos del hotel y contribuyendo al mismo tiempo a la conservación del medio ambiente.

CONTROLAR Y REDUCIR EL DESPILFARRO PARA MEJORAR LA RENTABILIDAD

Controlando de cerca el despilfarro, los directores de hotel pueden identificar las áreas en las que se desperdician recursos, como el uso excesivo de energía, el deterioro de los alimentos o el exceso de existencias de suministros. Esto les permite tomar medidas proactivas, como implantar prácticas de ahorro energético, optimizar los niveles de inventario y aplicar estrategias de reducción de residuos. Los hoteles pueden invertir en iluminación y electrodomésticos energéticamente eficientes, implantar sistemas de gestión de inventarios para seguir y controlar mejor los niveles de existencias, y formar al personal para reducir el desperdicio de alimentos mediante el control de las raciones y técnicas de almacenamiento adecuadas. Los directores de hotel también pueden colaborar con los proveedores para minimizar los residuos de envases y explorar alternativas respetuosas con el medio ambiente. Al reducir el despilfarro, los hoteles no sólo pueden mejorar la rentabilidad, sino también contribuir a la sostenibilidad medioambiental. La tecnología puede desempeñar un papel vital en el control y la reducción del despilfarro proporcionando datos en tiempo real sobre el uso de los recursos, lo que permite a los gestores identificar pautas, detectar tendencias y tomar decisiones con conocimiento de causa. Los contadores inteligentes pueden controlar el consumo de energía, mientras que los sistemas de gestión de las cocinas pueden hacer un seguimiento del uso y el despilfarro de alimentos. Estos datos pueden utilizarse para fijar objetivos, identificar áreas de mejora y proporcionar información al personal. Los hoteles pueden implicar a sus huéspedes en los esfuerzos de reducción de residuos promoviendo prácticas ecológicas y fomentando el consumo responsable. Esto puede lograrse mediante iniciativas como ofrecer recompensas por reducir el consumo de energía, educar a los huéspedes sobre el reciclaje y la gestión de residuos, y poner en marcha programas de reutilización de toallas y ropa de cama. Estas iniciativas no sólo ayudan a reducir el despilfarro, sino que también mejoran la experiencia general de los huéspedes al promover una imagen sostenible y responsable. Supervisar y reducir el despilfarro es vital para mejorar la eficiencia de costes en el revenue management de un hotel rural. Supervisando de cerca y abordando las áreas de despilfarro, los directores de hotel pueden identificar oportunidades de mejora de la eficiencia y ahorro de costes. Aplicar prácticas de ahorro energético, optimizar los niveles de inventario y reducir los residuos de alimentos y envases son sólo algunas de las estrategias que pueden emplearse. Además de ahorrar costes, estas medidas pueden contribuir a la sostenibilidad medioambiental y mejorar la experiencia general de los huéspedes. Adoptar la tecnología e implicar a los clientes en los esfuerzos de reducción de residuos puede aumentar aún más la eficacia de las iniciativas de gestión de residuos. Al hacer de la reducción de residuos una prioridad, los hoteles rurales pueden alcanzar objetivos de rentabilidad al tiempo que se alinean con prácticas responsables desde el punto de vista medioambiental.

XV. GESTIÓN DE CRISIS Y ADAPTABILIDAD

En el dinámico e imprevisible entorno empresarial actual, ser capaz de gestionar eficazmente las crisis y adaptarse a las circunstancias cambiantes es esencial para la supervivencia y el éxito. La capacidad de anticipar posibles crisis, desarrollar planes de contingencia y responder con prontitud y decisión cuando surgen situaciones inesperadas puede marcar una diferencia significativa a la hora de minimizar el impacto negativo en las operaciones y la reputación. Ser adaptable permite a un hotel rural mantenerse flexible y responder a las necesidades y preferencias cambiantes de los huéspedes. Esto puede implicar vigilar constantemente las tendencias del mercado, introducir nuevos servicios y comodidades, o ajustar las estrategias de precios en consecuencia. La gestión de crisis y la adaptabilidad no son sólo medidas reactivas; son estrategias proactivas que permiten a un hotel rural prosperar en medio de la incertidumbre y la competencia. Preparándose proactivamente para las crisis y siendo adaptable para responder a los cambios, un hotel rural puede mejorar su rendimiento general y mantener una ventaja competitiva en el mercado.

DESARROLLAR PLANES DE CONTINGENCIA PARA ACONTECIMIENTOS INESPERADOS

En un sector muy vulnerable a factores externos como las condiciones meteorológicas, las catástrofes naturales y las fluctuaciones económicas, estar preparado para imprevistos puede marcar una diferencia significativa en los resultados financieros de un hotel. Una estrategia eficaz para desarrollar planes de contingencia es realizar una evaluación de riesgos de las amenazas potenciales específicas de la ubicación del hotel. Al identificar y evaluar los riesgos potenciales, la dirección del hotel puede determinar las acciones más apropiadas para responder a cada escenario. Estas acciones pueden incluir invertir en cobertura de seguros, establecer protocolos de respuesta ante emergencias o diversificar las fuentes de ingresos para mitigar el impacto de sucesos inesperados. Los hoteles deben desarrollar relaciones sólidas con las autoridades locales y los servicios de emergencia para facilitar una comunicación eficiente y eficaz durante las situaciones de crisis. En caso de una circunstancia imprevista, tener líneas de comunicación claras puede ayudar al personal del hotel a aplicar rápidamente planes de contingencia y minimizar las interrupciones de las operaciones. Los hoteles deben establecer una cadena de mando clara y designar funciones y responsabilidades específicas para cada miembro del personal durante las situaciones de emergencia. Asignando funciones y responsabilidades claras, la dirección del hotel puede asegurarse de que todas las medidas necesarias se tomen con prontitud y eficacia. Otro aspecto importante del desarrollo de planes de contingencia es mantener registros precisos y actualizados de las operaciones del hotel, incluidos los estados financieros, los datos de las reservas y la información sobre los huéspedes. Estos registros pueden ser muy valiosos para evaluar el impacto financiero de acontecimientos inesperados y facilitar la aplicación de planes de recuperación. Revisar y actualizar periódicamente estos registros también puede ayudar a la dirección del hotel a identificar posibles áreas de mejora o vulnerabilidad. Además de estas medidas proactivas, los hoteles deben considerar la integración de soluciones tecnológicas para mejorar su capacidad de respuesta ante sucesos inesperados. La implantación de un sistema automatizado de revenue management puede permitir a los hoteles ajustar rápidamente los precios y el inventario en respuesta a las cambiantes condiciones del mercado, garantizando la maximización de los ingresos incluso en circunstancias difíciles. Los hoteles deben revisar y modificar periódicamente sus planes de contingencia para tener en cuenta cualquier cambio en el entorno externo o en las operaciones internas. Como el sector de la hostelería evoluciona constantemente, los hoteles deben mantenerse flexibles y adaptables para que sus planes de contingencia sigan siendo pertinentes y eficaces. Desarrollar planes de contingencia para imprevistos es esencial para el revenue management de un hotel rural. Mediante la realización de evaluaciones de riesgos, el establecimiento de canales de comunicación con las autoridades locales, la asignación de funciones y responsabilidades claras, el mantenimiento de registros precisos, la integración de soluciones tecnológicas y la revisión y actualización periódicas de los planes, los hoteles pueden responder eficazmente a acontecimientos inesperados y minimizar las repercusiones financieras negativas. Los hoteles que dan prioridad a la planificación de contingencias están mejor preparados para capear circunstancias imprevistas, garantizando su éxito a largo plazo en un sector volátil.

ADAPTAR LAS ESTRATEGIAS DE REVENUE MANAGEMENT DURANTE LAS CRISIS O LOS PERIODOS DE BAJA DEMANDA

Durante las crisis o los periodos de baja demanda, es crucial que los hoteles adapten sus estrategias de revenue management para afrontar los retos que surjan. En estas situaciones, los hoteles deben ser proactivos a la hora de identificar y aplicar medidas de ahorro. Una estrategia consiste en reevaluar las necesidades de personal y ajustar los horarios de los empleados en consecuencia. Evaluando los niveles de ocupación y la demanda prevista, los hoteles pueden tomar decisiones informadas sobre el número de miembros del personal necesarios para atender adecuadamente a los huéspedes. Esto permite reducir los costes laborales sin comprometer la calidad del servicio prestado. Los hoteles pueden explorar oportunidades para colaborar con empresas locales u ofrecer ofertas de paquetes para atraer a más clientes. Asociarse con atracciones turísticas o restaurantes cercanos para ofrecer tarifas reducidas o paquetes combinados puede incitar a los clientes a elegir su establecimiento frente a la competencia. Los hoteles pueden ajustar estratégicamente sus estrategias de precios durante los periodos de baja demanda. Aplicar estrategias de precios dinámicos, como ofrecer tarifas más bajas para estancias prolongadas o reservas de última hora, puede ayudar a estimular la demanda y atraer a clientes sensibles a los precios. También es importante que los hoteles aprovechen la tecnología y utilicen plataformas online para optimizar su revenue management durante las crisis o los periodos de baja demanda. Controlando el panorama competitivo, los hoteles pueden ajustar sus tarifas en tiempo real para seguir siendo competitivos en el mercado. Invertir en estrategias de marketing digital, como la optimización de los motores de búsqueda y campañas específicas en las redes sociales, puede ayudar a los hoteles a llegar a un público más amplio y generar más reservas. Los hoteles pueden plantearse diversificar sus fuentes de ingresos durante los periodos de baja demanda. Esto podría incluir ofrecer servicios adicionales, como albergar conferencias o eventos, asociarse con empresas locales para retiros corporativos u ofrecer paquetes especializados para mercados objetivo específicos, como retiros de bienestar o paquetes de aventura al aire libre. Ampliando su oferta de productos, los hoteles pueden atraer a una gama más amplia de huéspedes y generar ingresos adicionales. Es crucial que los hoteles optimicen su gestión del inventario durante las crisis o los periodos de baja demanda. Controlando de cerca los patrones de demanda y ajustando la asignación de inventario en consecuencia, los hoteles pueden maximizar el potencial de ingresos. Esto incluye aplicar estrategias como el control de la duración de la estancia, el exceso de reservas o la liberación de tarifas anticipadas para fomentar las reservas. Una tecnología y unos sistemas de revenue management eficaces pueden proporcionar las herramientas y los datos necesarios para tomar decisiones informadas sobre la asignación del inventario. Durante las crisis o los periodos de baja demanda, es imperativo que los hoteles adapten sus estrategias de revenue management para seguir siendo competitivos y financieramente sostenibles. Aplicando medidas de ahorro, colaborando con las empresas locales, ajustando las estrategias de precios, aprovechando la tecnología, diversificando las fuentes de ingresos y optimizando la gestión del inventario, los hoteles pueden superar estos periodos difíciles y posicionarse para el éxito a largo plazo.

APLICAR POLÍTICAS FLEXIBLES DE CANCELACIÓN Y DEVOLUCIÓN

Con unos patrones de demanda impredecibles y una clientela fluctuante, ofrecer flexibilidad en la cancelación y el reembolso de las reservas puede atraer más reservas y mejorar la satisfacción del cliente. Permitiendo que los clientes cancelen o modifiquen sus reservas sin penalización dentro de un plazo determinado, los hoteles pueden dar tranquilidad y sensación de control a los clientes, lo que aumenta su confianza y fidelidad. Ofrecer reembolsos por reservas canceladas puede ayudar a minimizar la pérdida de ingresos, ya que es más probable que los clientes vuelvan a reservar en el futuro o recomienden el hotel a otras personas. Es importante encontrar un equilibrio entre la flexibilidad y la estabilidad financiera del hotel. Fijando plazos de cancelación razonables y teniendo en cuenta factores como la estacionalidad y los niveles de ocupación, el hotel puede asegurarse de que sus políticas de cancelación y reembolso son justas y sostenibles. Implantar soluciones tecnológicas, como políticas de cancelación automatizadas y procesamiento de reembolsos online, puede agilizar el proceso y reducir los costes administrativos. Esto no sólo mejora la eficacia operativa, sino que también permite a los hoteles prestar un servicio más rápido y cómodo a los huéspedes. La comunicación eficaz de las políticas de cancelación y reembolso es crucial. Debe proporcionarse información clara y transparente en el sitio web del hotel y en las plataformas de reserva, así como durante el proceso de reserva. Esto puede ayudar a los huéspedes a tomar decisiones informadas y evitar posibles malentendidos o disputas. También es esencial revisar y perfeccionar periódicamente las políticas de cancelación y reembolso basándose en las opiniones de los huéspedes y en las tendencias del mercado. Analizando los patrones de cancelaciones y reembolsos, el hotel puede identificar posibles áreas de mejora y optimizar sus estrategias de revenue management. Aplicar políticas flexibles de cancelación y reembolso puede tener un impacto significativo en los ingresos y la reputación de un hotel rural. Ofreciendo flexibilidad y comodidad a los huéspedes, los hoteles pueden aumentar la satisfacción y fidelidad de los clientes. Fijando plazos razonables y aprovechando la tecnología, los hoteles pueden asegurarse de que sus políticas de cancelación y reembolso son justas y sostenibles. La comunicación eficaz de estas políticas y la supervisión y el perfeccionamiento continuos son también fundamentales para el éxito. Al adoptar la flexibilidad en las cancelaciones y los reembolsos, los hoteles rurales pueden afrontar los retos de las fluctuaciones de la demanda, maximizando al mismo tiempo los ingresos y ofreciendo experiencias excepcionales a los huéspedes.

XVI. COMENTARIOS Y REVISIONES

Cuando los huéspedes se toman la molestia de compartir sus experiencias y opiniones, se obtiene una valiosa información sobre los puntos fuertes y débiles del hotel. Los clientes suelen dejar reseñas en diversas plataformas online, como TripAdvisor o Google Reviews, en las que se basan los posibles huéspedes a la hora de tomar sus decisiones de reserva. Las reseñas positivas pueden servir de aval y atraer a nuevos huéspedes al hotel rural, mientras que las negativas pueden tener el efecto contrario, disuadiendo a los posibles visitantes. Es esencial que la dirección del hotel controle y responda activamente a las opiniones, ya sean positivas o negativas, para demostrar que valora los comentarios de sus huéspedes. Responder a las críticas positivas expresando gratitud y reconociendo la satisfacción de los huéspedes puede reforzar aún más la fidelidad de los clientes. Responder a las críticas negativas con prontitud y profesionalidad es crucial para demostrar el compromiso del hotel con la resolución de los problemas y la mejora de la experiencia de los huéspedes. Al conocer las áreas concretas que necesitan mejoras, la dirección puede hacer ajustes específicos para aumentar la satisfacción de los huéspedes. Los comentarios y las opiniones no sólo informan a los huéspedes potenciales, sino que también proporcionan una orientación esencial a la dirección del hotel para dar forma a sus estrategias de revenue management.

ANIMAR A LOS CLIENTES A QUE ENVÍEN COMENTARIOS Y OPINIONES

Al buscar activamente opiniones, la dirección del hotel puede medir la satisfacción del cliente e identificar áreas de mejora. Estas opiniones también sirven como valioso material de marketing, ya que las reseñas y testimonios positivos pueden atraer a huéspedes potenciales. Para animar a los clientes a dar su opinión, los hoteles pueden ofrecer incentivos como descuentos o servicios gratuitos. Proporcionar a los huéspedes una plataforma fácil y cómoda para dejar sus opiniones, como una encuesta en línea o un libro de visitas en cada habitación, puede aumentar la probabilidad de recibir opiniones. Es esencial que el personal del hotel busque activamente las opiniones de los huéspedes durante su estancia, ya que esto permite al personal abordar cualquier problema o preocupación de inmediato, mejorando la experiencia general del huésped. Responder rápida y cortésmente a las opiniones de los clientes demuestra un compromiso con su satisfacción y puede ayudar a fidelizarlos. Fomentar las opiniones y los comentarios de los clientes es un proceso continuo que requiere un esfuerzo proactivo por parte del personal del hotel. Al buscar activamente las opiniones de los huéspedes, los hoteles pueden mantenerse informados sobre las experiencias de sus clientes y hacer las mejoras necesarias para aumentar su satisfacción y maximizar los ingresos.

SUPERVISAR LAS RESEÑAS EN INTERNET Y ABORDAR CON PRONTITUD LAS PREOCUPACIONES DE LOS HUÉSPEDES

En la era digital actual, los huéspedes potenciales se basan en gran medida en las opiniones online para decidir dónde alojarse. Las opiniones negativas pueden afectar significativamente a la reputación de un hotel y, en última instancia, a sus ingresos. Es imperativo que los hoteles vigilen de cerca las plataformas de reseñas en línea y los canales de las redes sociales para mantenerse informados sobre las experiencias de los huéspedes. Es igualmente importante responder con prontitud a cualquier preocupación o problema planteado por los huéspedes. Al responder a las críticas negativas y abordar las preocupaciones de los huéspedes, los hoteles demuestran su compromiso con la satisfacción del cliente y demuestran que valoran las opiniones de sus huéspedes. Esto no sólo ayuda a mitigar los posibles daños causados por las críticas negativas, sino que también permite al hotel mejorar sus servicios y superar las expectativas de los huéspedes. Es esencial que los hoteles respondan a todas las opiniones en línea, independientemente de que sean positivas o negativas. Al agradecer las opiniones positivas, los hoteles pueden mostrar su aprecio por los comentarios de los huéspedes y fomentar una relación positiva con ellos. Responder a las opiniones negativas demuestra a los clientes potenciales que el hotel es proactivo en la resolución de problemas y que se preocupa de verdad por la satisfacción de sus clientes. Es importante que la dirección del hotel comprenda que responder con prontitud a las preocupaciones de los huéspedes no consiste sólo en presentar una disculpa estándar, sino que requiere un compromiso activo y un auténtico deseo de resolver cualquier problema. Al responder a las críticas negativas, los hoteles deben disculparse por cualquier deficiencia y ofrecer una solución o compensación cuando proceda. Al asumir la situación y ofrecer una solución, los hoteles pueden demostrar su voluntad de rectificar cualquier problema y convertir una experiencia negativa en positiva. Abordar con prontitud las preocupaciones de los huéspedes puede ayudar a los hoteles a identificar pautas o problemas recurrentes que quizá deban abordarse dentro de la organización. Analizando las opiniones recibidas de los clientes, los hoteles pueden identificar áreas de mejora y aplicar los cambios necesarios para mejorar la experiencia general de los clientes. Este bucle continuo de opiniones permite a los hoteles mantenerse en contacto con sus huéspedes y adaptar sus prácticas para satisfacer las expectativas siempre cambiantes de los huéspedes. Para supervisar eficazmente las opiniones en línea y responder con prontitud a las preocupaciones de los clientes, los hoteles pueden utilizar diversas herramientas y tecnologías. Las herramientas de escucha social pueden ayudar a los hoteles a mantenerse informados sobre las conversaciones en Internet relacionadas con su establecimiento, lo que permite responder a tiempo y participar de forma proactiva. Los hoteles pueden establecer protocolos claros y asignar recursos para garantizar que las opiniones de los huéspedes se abordan con prontitud. Esto puede implicar asignar a miembros del personal dedicados a supervisar las plataformas de reseñas en línea y los canales de las redes sociales, y darles autoridad para responder a las preocupaciones de los huéspedes en el momento oportuno. Al dar prioridad a la pronta resolución de los problemas de los clientes, los hoteles pueden demostrar su compromiso con un excelente servicio al cliente y aumentar sus posibilidades de recibir opiniones positivas y repetir la experiencia. Supervisar las opiniones en Internet y resolver las preocupaciones de los huéspedes con prontitud son componentes esenciales del revenue management de un hotel rural. Comprometiéndose activamente con las opiniones de los huéspedes y esforzándose por mejorar continuamente, los hoteles pueden mejorar su reputación, atraer a más huéspedes y, en última instancia, aumentar sus ingresos.

UTILIZAR RESEÑAS POSITIVAS PARA ATRAER A MÁS CLIENTES

Hoy en día, las reseñas online son cada vez más influyentes en el proceso de toma de decisiones de los consumidores. Las opiniones positivas actúan como una forma de prueba social, dando a los clientes potenciales confianza en la calidad y el servicio del hotel. Cuando un hotel rural tiene un gran número de opiniones positivas, crea una reputación positiva para el establecimiento. Esta reputación puede ayudar a diferenciar el hotel de la competencia y aumentar su visibilidad en los resultados de los motores de búsqueda. Las opiniones positivas también pueden aumentar la presencia del hotel en Internet y mejorar su clasificación en los motores de búsqueda. Muchos clientes potenciales confían en los motores de búsqueda cuando buscan opciones de alojamiento, y tener una fuerte presencia en Internet puede aumentar la visibilidad del hotel para estos clientes. Utilizar las opiniones positivas de forma estratégica, por ejemplo destacándolas en el sitio web del hotel o en las plataformas de las redes sociales, puede ayudar a mostrar los puntos fuertes del hotel y atraer a más clientes potenciales. Las opiniones positivas también pueden utilizarse como parte de los esfuerzos promocionales y de marketing del hotel. El hotel puede crear campañas publicitarias específicas que destaquen las reseñas positivas y los testimonios de huéspedes satisfechos. Estas campañas pueden realizarse en plataformas como las redes sociales o el marketing por correo electrónico para llegar a un público más amplio. Aprovechando las experiencias positivas de huéspedes anteriores, el hotel puede comunicar eficazmente el valor y la calidad de sus servicios a clientes potenciales. Otra forma de utilizar las reseñas positivas es integrándolas en las iniciativas de atención al cliente y formación del personal del hotel. Al compartir las opiniones positivas con los miembros del personal, éstos pueden ver de primera mano el impacto que tiene su trabajo en las experiencias y la satisfacción de los huéspedes. Esto puede motivar al personal para seguir prestando un servicio excelente y superar las expectativas de los clientes. Las opiniones de los clientes procedentes de reseñas positivas pueden analizarse para identificar los puntos fuertes y las áreas de mejora. Esta información puede utilizarse para mejorar las operaciones del hotel y ofrecer experiencias aún mejores a futuros huéspedes. Utilizar las opiniones positivas es una estrategia poderosa para atraer más clientes a un hotel rural. Las opiniones positivas actúan como prueba social y ayudan a crear una reputación positiva para el hotel. También pueden aumentar la presencia online del hotel y mejorar su clasificación en los motores de búsqueda. Al incluir estratégicamente opiniones positivas en el sitio web del hotel, en las plataformas de las redes sociales y en las campañas de marketing, el hotel puede comunicar eficazmente su valor y calidad a los clientes potenciales. Las opiniones positivas pueden utilizarse para motivar al personal y mejorar el servicio al cliente. Aprovechando las experiencias de los huéspedes anteriores y mejorando continuamente basándose en las opiniones de los clientes, un hotel rural puede atraer a más clientes y aumentar sus ingresos.

XVII. APRENDIZAJE Y MEJORA CONTINUOS

El revenue management es un campo en constante evolución, con nuevas técnicas, tecnologías y tendencias. Por ello, es importante que los gestores de ingresos se mantengan al día de los últimos avances del sector. Esto puede hacerse asistiendo a conferencias, participando en seminarios web y manteniéndose en contacto con expertos del sector. Aprendiendo continuamente y adquiriendo nuevos conocimientos, los revenue managers pueden adaptar eficazmente sus estrategias y tomar decisiones informadas para maximizar los ingresos y la rentabilidad. La mejora continua es necesaria para perfeccionar las prácticas de revenue management. Los revenue managers deben revisar y analizar periódicamente sus resultados e identificar áreas de mejora. Esto podría implicar evaluar la eficacia de las estrategias de precios, valorar el éxito de las campañas promocionales o explorar nuevos canales de distribución. Evaluando sistemáticamente sus acciones y resultados, los gestores de ingresos pueden identificar sus puntos fuertes y débiles, hacer los ajustes necesarios y mejorar sus prácticas de revenue management. El aprendizaje y la mejora continuos también implican aceptar las opiniones y aprender de los errores del pasado. Los gestores de ingresos deben buscar activamente la opinión de los clientes, empleados y otras partes interesadas para conocer las áreas que pueden necesitar mejoras. Esto puede hacerse mediante encuestas, revisiones o incluso conversaciones informales. Al escuchar los puntos de vista de los demás, los gestores de ingresos pueden comprender mejor las necesidades y preferencias de los clientes e identificar oportunidades para mejorar la experiencia de los huéspedes. Aprender de los errores y fracasos del pasado es esencial para la mejora continua. Los gestores de ingresos deben adoptar la cultura de aprender de los contratiempos y utilizarlos como oportunidades de crecimiento. Analizando por qué determinadas estrategias o acciones no dieron los resultados deseados, los revenue managers pueden identificar posibles escollos y desarrollar estrategias para superarlos. Esta mentalidad reflexiva garantiza que los gestores de ingresos perfeccionen constantemente sus planteamientos y eviten repetir los mismos errores. El aprendizaje y la mejora continuos en revenue management también implican estar al día de los últimos avances tecnológicos. La tecnología desempeña un papel crucial en el revenue management, con programas y herramientas que aportan valiosos conocimientos y capacidades de automatización. Los gestores de ingresos deben buscar activamente oportunidades para mejorar su competencia tecnológica, ya sea aprendiendo a utilizar eficazmente el software de revenue management o explorando tecnologías emergentes como la inteligencia artificial o el aprendizaje automático. Aprovechando el poder de la tecnología, los revenue managers pueden agilizar los procesos, mejorar la precisión y obtener una ventaja competitiva. El aprendizaje y la mejora continuos en revenue management son esenciales para que los hoteles rurales prosperen en un sector dinámico y competitivo. Manteniéndose al día de los avances del sector, aceptando los comentarios, aprendiendo de los errores y aprovechando la tecnología, los gestores de ingresos pueden mejorar sus prácticas de revenue management, impulsar la rentabilidad y ofrecer experiencias excepcionales a los huéspedes. En un panorama en constante evolución, la capacidad de adaptarse y mejorar es lo que distingue a los revenue managers de éxito, y es una mentalidad que debe cultivarse y alimentarse en los equipos de revenue management de los hoteles rurales.

ESTAR AL DÍA DE LAS TENDENCIAS Y MEJORES PRÁCTICAS DEL SECTOR

Mantenerse al día sobre las tendencias y las mejores prácticas del sector es crucial para tener éxito en cualquier campo, y esto es especialmente cierto en el sector de la hostelería. Con el rápido avance de la tecnología y los constantes cambios en las preferencias de los consumidores, es importante que los hoteles rurales se mantengan al día de las últimas novedades de su sector. Manteniéndose al día sobre las tendencias y las mejores prácticas del sector, los hoteles rurales pueden asegurarse de ofrecer la mejor experiencia posible a sus huéspedes y seguir siendo competitivos en su mercado. Una forma de mantenerse al día es asistir a conferencias y ferias del sector, donde los hoteleros pueden conocer las últimas tendencias, los avances tecnológicos y las mejores prácticas en revenue management. Estas conferencias brindan la oportunidad de relacionarse con otros profesionales del sector y conocer estrategias de éxito que pueden aplicarse en hoteles rurales. Los hoteleros deben participar regularmente en el desarrollo profesional a través de recursos en línea y publicaciones del sector. Suscribirse a los boletines del sector, leer los blogs del sector y participar en seminarios web son formas de que los hoteleros rurales se mantengan informados sobre las tendencias actuales y las mejores prácticas. Afiliarse a organizaciones y asociaciones profesionales puede proporcionar valiosas oportunidades de establecer contactos y acceso a recursos e información que pueden ayudar a los hoteles rurales a mantenerse actualizados y competitivos.

Participando en estas organizaciones, los hoteleros rurales pueden ponerse en contacto con colegas y expertos en la materia, compartir experiencias y buenas prácticas, y mantenerse al día de los últimos avances del sector. Es importante que los hoteles rurales controlen y analicen constantemente los datos de sus propias operaciones. Estos datos pueden revelar información importante sobre las pautas de reserva de los huéspedes, el rendimiento de los ingresos y las tendencias del mercado. Revisando regularmente estos datos, los hoteleros rurales pueden identificar áreas de mejora, adaptar sus estrategias para satisfacer las cambiantes demandas de los consumidores y tomar decisiones informadas sobre precios, gestión del inventario y esfuerzos de marketing. Estar al día de las tendencias y mejores prácticas del sector es esencial para que los hoteles rurales prosperen en el competitivo mercado actual. Asistiendo a conferencias, participando en el desarrollo profesional, uniéndose a organizaciones profesionales y analizando datos, los hoteleros rurales pueden asegurarse de que ofrecen la mejor experiencia posible a sus huéspedes y de que se mantienen a la vanguardia de su sector.

ASISTIR A CONFERENCIAS Y TALLERES SOBRE REVENUE MANAGEMENT

Asistiendo a estos eventos, los directores de hotel pueden adquirir valiosas ideas y conocimientos de expertos del sector y profesionales experimentados. Las conferencias y talleres proporcionan una plataforma para establecer contactos, lo que permite a los hoteleros relacionarse con otros profesionales del sector y aprender de sus experiencias. Estos eventos suelen incluir sesiones y mesas redondas en las que los participantes pueden conocer las últimas tendencias, las mejores prácticas y las estrategias innovadoras en revenue management. A través de estas sesiones interactivas, los directores de hotel pueden adquirir nuevas ideas y técnicas para optimizar los ingresos en el contexto específico de su hotel rural. Al mantenerse al día sobre la evolución del panorama del revenue management, asistir a conferencias y talleres permite a los hoteleros rurales aplicar estrategias de vanguardia y adelantarse a sus competidores. Asistir a estos eventos demuestra el compromiso del hotel con el desarrollo profesional y el aprendizaje continuo, mejorando así su reputación y posicionándolo como líder en prácticas de revenue management. Las conferencias y talleres sobre revenue management ofrecen a los hoteles rurales una oportunidad única de aprender, establecer contactos y obtener valiosos conocimientos para optimizar sus procesos de revenue management.

BUSCAR OPINIONES DEL PERSONAL Y DE LOS CLIENTES PARA IDENTIFICAR ÁREAS DE MEJORA

Para garantizar una mejora continua y ofrecer la mejor experiencia posible a los huéspedes, es esencial que un hotel rural recabe opiniones tanto del personal como de los huéspedes. Buscando activamente opiniones, el hotel puede identificar las áreas que necesitan mejoras y tomar las medidas adecuadas. Los miembros del personal, que tienen experiencia de primera mano con las operaciones diarias, pueden aportar valiosas ideas sobre posibles áreas de mejora. Pueden detectar ineficiencias en los procesos o identificar formas de aumentar la satisfacción de los clientes. Al animar a los empleados a dar su opinión, el hotel puede aprovechar su experiencia y fomentar un entorno de colaboración. Las opiniones de los clientes son cruciales para conocer su punto de vista e identificar las áreas en las que el hotel puede estar fallando. Los huéspedes pueden ofrecer una valiosa perspectiva de su experiencia, destacando tanto los aspectos positivos como las áreas susceptibles de mejora. Al solicitar activamente las opiniones de los huéspedes, el hotel demuestra su compromiso con la satisfacción del cliente y demuestra que valora sus opiniones. Estos comentarios pueden utilizarse para introducir cambios que aborden las preocupaciones o mejoras que mejoren la experiencia general de los huéspedes. Abrir líneas de comunicación y proporcionar vías cómodas para que los clientes expresen sus opiniones, como tarjetas de comentarios o encuestas por Internet, puede animarles a dar su opinión. La búsqueda proactiva de opiniones ayuda al hotel a anticiparse a posibles problemas o críticas negativas. Abordando los problemas desde el principio y tomando medidas para rectificar cualquier deficiencia, el hotel puede mitigar eficazmente el riesgo de opiniones negativas. Cuando los clientes se dan cuenta de que sus opiniones son escuchadas y tenidas en cuenta, se fomenta un sentimiento de confianza y lealtad hacia el hotel. Esto puede dar lugar a recomendaciones positivas de boca a boca y a la repetición del negocio, contribuyendo en última instancia a los ingresos y al éxito general del hotel. Pedir opiniones al personal y a los huéspedes es crucial para que un hotel rural identifique áreas de mejora. Aprovechando la experiencia de los miembros del personal y solicitando activamente la opinión de los huéspedes, el hotel puede obtener información valiosa sobre posibles mejoras. Estas opiniones pueden utilizarse para introducir cambios que aborden las preocupaciones y mejoren la experiencia general de los huéspedes. Al buscar opiniones de forma proactiva y demostrar un compromiso con la satisfacción del cliente, el hotel puede fomentar un sentimiento de confianza y lealtad entre sus huéspedes, lo que se traduce en recomendaciones positivas de boca en boca y en un aumento de los ingresos.

XVIII. CONCLUSIÓN

El revenue management es una estrategia fundamental para el éxito de un hotel rural. Aplicando técnicas eficaces de revenue management, los hoteles rurales pueden maximizar su potencial de ingresos y mejorar sus resultados financieros. El uso de previsiones y análisis de la demanda permite a los directores de hotel anticiparse a las fluctuaciones de la demanda y ajustar sus precios y disponibilidad en consecuencia. Los sistemas de control de inventario permiten a los hoteles optimizar el número de habitaciones disponibles para la venta y minimizar el riesgo de pérdida de ingresos por exceso o defecto de reservas. La aplicación de estrategias de precios dinámicos permite a los hoteles responder a los cambios en la demanda y las condiciones del mercado en tiempo real, garantizando que las tarifas de las habitaciones sean siempre competitivas y reflejen el valor ofrecido. La gestión de la distribución desempeña un papel clave en el revenue management, ya que los hoteles deben seleccionar cuidadosamente los canales de distribución que llegarán a su mercado objetivo y generarán el mayor número de reservas. Mediante el uso de agencias de viajes online, sistemas de distribución global y canales de reserva directa, los hoteles pueden ampliar su alcance y aumentar su visibilidad ante los huéspedes potenciales. Es crucial que los hoteles rurales controlen y analicen continuamente el rendimiento de sus ingresos para identificar áreas de mejora y tomar decisiones basadas en datos. Mediante el uso de indicadores clave de rendimiento y software de revenue management, los hoteles pueden seguir su éxito y ajustar sus estrategias según sea necesario. El revenue management es una parte integral de la gestión de un hotel rural, que permite a los gestores optimizar los ingresos, mejorar los resultados financieros y ofrecer a los huéspedes una experiencia memorable. Aplicando prácticas eficaces de revenue management, los hoteles rurales pueden aumentar su competitividad en el mercado y lograr la sostenibilidad a largo plazo.

RECAPITULACIÓN DE LAS ESTRATEGIAS DE REVENUE MANAGEMENT PARA HOTELES RURALES

En resumen, las estrategias de revenue management desempeñan un papel crucial en la mejora de la rentabilidad de los hoteles rurales. Los precios dinámicos, el control de la duración de la estancia y la gestión de la distribución son estrategias clave que los hoteles rurales pueden emplear para optimizar sus ingresos. Los precios dinámicos permiten a los hoteles ajustar las tarifas de sus habitaciones en tiempo real en función de la demanda y las condiciones del mercado. Aplicando controles de la duración de la estancia, los hoteles pueden incentivar a los clientes a prolongar su estancia o desalentar las estancias cortas durante los periodos punta. Una gestión eficaz de la distribución implica evaluar y seleccionar cuidadosamente los canales de distribución más adecuados para llegar a un público más amplio y maximizar las reservas. Estas estrategias, aplicadas conjuntamente, pueden ayudar a los hoteles rurales a maximizar su potencial de ingresos y competir eficazmente en el mercado. Es importante que los directores de hoteles rurales vigilen y analicen continuamente las tendencias del mercado, se mantengan al día de las mejores prácticas del sector y adapten sus estrategias de revenue management en consecuencia para lograr el éxito a largo plazo. Desarrollando un plan integral de revenue management que incorpore estas estrategias, los hoteles rurales pueden mantener una ventaja competitiva y lograr un crecimiento sostenible en un mercado altamente competitivo.

IMPORTANCIA DE APLICAR PRÁCTICAS EFICACES DE REVENUE MANAGEMENT

La aplicación de prácticas eficaces de revenue management es de suma importancia para cualquier hotel, independientemente de su ubicación. El revenue management se refiere al proceso de optimizar las estrategias de precios, distribución y marketing para maximizar los ingresos y la rentabilidad general. En el competitivo sector hotelero actual, donde los clientes tienen muchas opciones entre las que elegir, los hoteles necesitan emplear un enfoque estratégico de revenue management para mantenerse en cabeza. Aplicando prácticas de revenue management, los hoteles pueden capitalizar la demanda del mercado, identificar oportunidades de precios y tomar decisiones informadas sobre la asignación del inventario. Estas prácticas permiten a los hoteles no sólo aumentar los ingresos, sino también gestionar eficazmente los costes y mejorar los resultados. Unas prácticas eficaces de revenue management proporcionan información valiosa sobre las preferencias y pautas de reserva de los clientes, lo que permite a los hoteles adaptar sus ofertas y estrategias de marketing en consecuencia. Esto puede aumentar la satisfacción y la fidelidad de los clientes, ya que los hoteles pueden ofrecer experiencias personalizadas que satisfagan las necesidades y expectativas únicas de sus huéspedes. La revenue management también desempeña un papel crucial en la optimización de los ingresos durante los periodos de mayor o menor demanda. Durante las temporadas altas, los hoteles pueden aprovechar la fuerte demanda ajustando los precios y optimizando las estrategias de precios para maximizar los ingresos. Por otra parte, durante los periodos de baja demanda, los hoteles pueden aplicar estrategias de precios dinámicas, como ofrecer descuentos o promociones especiales, para atraer clientes y llenar la ocupación. La aplicación de prácticas eficaces de revenue management permite a los hoteles adaptarse a las condiciones cambiantes del mercado, maximizar los ingresos y seguir siendo competitivos en el sector. En las zonas rurales, donde el número de clientes potenciales puede ser limitado, el revenue management resulta aún más crucial. Aplicando prácticas de revenue management, los hoteles rurales pueden aprovechar sus puntos de venta únicos, como su ubicación, su belleza natural o sus atracciones culturales, para atraer clientes y conseguir mayores ingresos. Unas prácticas eficaces de revenue management en los hoteles rurales pueden ayudar también a salvar la distancia entre las temporadas de alta y baja demanda. Analizando detenidamente las pautas de reserva y las tendencias de la demanda, los hoteles rurales pueden ajustar estratégicamente sus estrategias de precios y marketing para atraer clientes durante las temporadas bajas. Esto no sólo ayuda a aumentar los ingresos durante los periodos bajos, sino que también garantiza un modelo de negocio más estable y sostenible para los hoteles rurales. Las prácticas eficaces de revenue management en los hoteles rurales también pueden tener un impacto económico positivo en la comunidad local. Al aumentar los ingresos, los hoteles rurales tienen potencial para generar más puestos de trabajo y contribuir al desarrollo económico local. Esto puede tener un efecto multiplicador, ya que el aumento de las oportunidades de empleo se traducirá en mayores niveles de ingresos, un aumento del gasto y un mayor crecimiento de la economía local. La aplicación de prácticas eficaces de revenue management es esencial para los hoteles de zonas urbanas y rurales. Optimizando las estrategias de precios, distribución y marketing, los hoteles pueden aumentar los ingresos, mejorar la rentabilidad y aumentar la satisfacción del cliente. En el caso de los hoteles rurales, el revenue management adquiere aún más importancia, ya que les permite aprovechar sus ventajas únicas y salvar la distancia entre los periodos de demanda alta y baja. Unas prácticas eficaces de revenue management en los hoteles rurales pueden tener un impacto positivo en la comunidad local al generar oportunidades de empleo y contribuir al desarrollo económico. Por tanto, los hoteles deben dar prioridad a la aplicación de prácticas eficaces de revenue management para garantizar el éxito a largo plazo en el competitivo sector hotelero actual.

BENEFICIOS POTENCIALES Y ÉXITO A LARGO PLAZO PARA LOS HOTELES RURALES

Un beneficio potencial para los hoteles rurales es la oportunidad de atraer a un tipo diferente de viajero. Muchos hoteles urbanos atienden a viajeros de negocios o turistas que buscan una ubicación cómoda en el corazón de una ciudad. En cambio, los hoteles rurales pueden ofrecer una experiencia única a los viajeros que quieren escapar del ajetreo de la vida urbana y sumergirse en la naturaleza. Esto puede incluir actividades como el senderismo, el avistamiento de animales salvajes o simplemente disfrutar de la paz y la tranquilidad de un entorno rural. Al promocionarse como un refugio tranquilo y rejuvenecedor, los hoteles rurales tienen potencial para atraer a viajeros que buscan un entorno más relajado y natural. Los hoteles rurales también pueden aprovechar la creciente tendencia del ecoturismo. Hoy en día, muchos viajeros son más conscientes de su impacto en el medio ambiente y buscan activamente alojamientos sostenibles y respetuosos con el medio ambiente. Los hoteles rurales tienen la ventaja de estar situados en entornos naturales, lo que presenta oportunidades para incorporar prácticas ecológicas como el uso de fuentes de energía renovables, la aplicación de medidas de conservación del agua y el apoyo a opciones de comida local, ecológica o de la granja a la mesa. Al promover su compromiso con la sostenibilidad y el ecoturismo, los hoteles rurales pueden atraer a un segmento específico de viajeros que dan prioridad a la responsabilidad medioambiental. A largo plazo, los hoteles rurales tienen potencial de éxito y crecimiento sostenidos. A medida que aumenta el número de personas que anhelan un descanso del ruido y el estrés de la vida urbana, los destinos rurales son cada vez más populares. El atractivo de un entorno natural tranquilo y virgen puede ser una fuerza motriz para los viajeros que buscan desconectar y conectar con la naturaleza. Esta demanda de experiencias rurales brinda a los hoteles rurales la oportunidad de establecerse como actores clave del sector turístico. Para garantizar el éxito a largo plazo, los hoteles rurales deben adaptarse a las cambiantes demandas de los consumidores y a las tendencias del mercado. Esto puede incluir ofrecer experiencias o actividades únicas que no se pueden encontrar en entornos urbanos, como paseos guiados por la naturaleza, equitación o excursiones para observar las estrellas. Innovando y evolucionando continuamente para satisfacer las necesidades de los viajeros, los hoteles rurales pueden seguir siendo relevantes y mantener una ventaja competitiva en el mercado. Los hoteles rurales también pueden forjar alianzas con empresas y atracciones locales para crear un paquete turístico completo y atractivo. Un hotel rural puede colaborar con bodegas, granjas o lugares históricos cercanos para ofrecer a los visitantes una gama diversa de experiencias durante su estancia. Estas colaboraciones no sólo proporcionan fuentes de ingresos adicionales para el hotel, sino que también mejoran la experiencia general de los huéspedes. Los hoteles rurales tienen potencial para beneficiarse de su ubicación única y su entorno natural. Pueden atraer a un tipo diferente de viajero que busca un retiro tranquilo y una experiencia ecológica. Con la creciente demanda de experiencias rurales, los hoteles rurales tienen la oportunidad de un éxito sostenido y un crecimiento a largo plazo. Adaptándose a las cambiantes demandas de los consumidores y forjando alianzas con las empresas locales, los hoteles rurales pueden posicionarse como destinos deseables y crear experiencias memorables para sus huéspedes.

BIBLIOGRAPHY

Robison Wells. 'Feedback'. Harper Collins, 10/2/2012

James Svetec. 'Airbnb para Dummies'. Symon He, John Wiley & Sons, 3/10/2023

Eleftherios Thalassinos. 'Transformación digital, resiliencia estratégica, ciberseguridad y gestión de riesgos'. Simon Grima, Emerald Group Publishing, 28/09/2023

Trudi Bridges. 'Exploración de la Planificación de Contingencias para Condiciones Meteorológicas Adversas'. ¿En qué medida planifican los gestores de eventos las inclemencias meteorológicas? Tesis presentada en cumplimiento parcial de los requisitos para obtener el título de Máster en Dirección de Empresas (MBus), Unitec Institute of Technology, 1/1/2014

Djordje Cosic. 'Gestión de Crisis". Introducción a la Reactividad y Flexibilidad Organizativa de las Empresas, Mladen Pecujlija, Nova Science Publishers, Incorpo-rated, 1/1/2019

Ana Laura Torres. 'Sostenibilidad en la Hostelería'. Cómo los hoteles innovadores están transformando el sector, Miguel Ángel Gardetti, Routledge, 9/8/2017

Peter Nijkamp. 'Métodos Cuantitativos en Economía del Turismo'. Álvaro Matias, Springer Science & Business Media, 13/12/2012

Louise Hudson. 'Marketing para Turismo, Hostelería y Eventos'. A Global & Digital Approach, Simon Hudson, SAGE Publications, 12/4/2023

Clarence Harris. 'Planificación de una instalación avícola al por mayor en un edificio de ocupación múltiple'. Agricultural Research Service, U.S. Department of Agri-culture, 1/1/1972

Melville Saayman. 'Colaboración en Empresas y Destinos Turísticos'. A Handbook, Dogan Gursoy, Emerald Group Publishing, 29/1/2015

Política y Asuntos Globales. 'STTR: Evaluación del Programa de Transferencia de Tecnología a Pequeñas Empresas'. Academias Nacionales de Ciencias, Ingeniería y Medicina, National Academies Press, 1/11/2016

Planners Collaborative, Inc. 'Elementos Necesarios para Crear Sistemas de Tránsito de Gran Afluencia'. TranSystems Corporation, Junta de Investigación del Transporte, 1/1/2007

Banco Asiático de Desarrollo. 'Análisis comparativo de la administración fiscal en Asia y el Pacífico'. Edición 2020, Banco Asiático de Desarrollo, 2/1/2020

Marcus Sheridan. 'Ellos preguntan, tú respondes'. Un enfoque revolucionario de las ventas entrantes, el marketing de contenidos y el consumidor digital de hoy, John Wiley & Sons, 8/6/2019

J. Bradley Cousins. 'Formación en Seguimiento y Evaluación'. Un enfoque sistemático, Scott G. Chaplowe, SAGE Publications, 15/10/2015

Siti Nor Nadrah Muhamad. 'Exposición de Investigación en Matemáticas e Informática (REMACS 6.0)'. Nur Fatihah Fauzi, Facultad de Informática, Computación y Matemáticas, 17/7/2023

Carol Ann Browne. 'Herramientas y armas'. La promesa y el peligro de la era digital, Brad Smith, Penguin, 10/09/2019

Michael Armstrong. 'Manual Armstrong de Gestión del Rendimiento'. Una Guía Basada en la Evidencia para el Liderazgo del Rendimiento, Kogan Page Publishers, 1/3/2022

Thomas Potterfield. 'El negocio de la capacitación de los empleados'. Democracia e ideología en el lugar de trabajo, Bloomsbury Publishing USA, 30/3/1999

Malte Rücker. 'Integración de la gestión de ingresos'. GRIN Verlag, 1/2/2012

Foro de Directores de Marketing y Ventas de McKinsey. 'Big Data, analítica y el futuro del marketing y las ventas'. CreateSpace Independent Publishing Platform, 8/2/2014

Andreas Thams. 'Airline Revenue management'. Prácticas actuales y orientaciones futuras, Curt Cramer, Springer Nature, 11/10/2021

Alessandro Capocchi. 'Valor económico y sistemas de revenue management'. Un modelo integrado de gestión empresarial, Springer, 30/12/2018

Wolfgang Katsch. 'Negocio electrónico internacional - Fidelización de clientes en línea mediante la gestión de relaciones'. GRIN Verlag, 7/11/2001

Cassandra Fenyk. 'La IA desatada: Aprovechar la Inteligencia Artificial para crear y hacer crecer tu empresa'. Fenyk Enterprises LLC, 15/5/2023

Jabaree Dunham-Carson. 'Conversaciones sobre Comunicación, Volumen 2'. Customer Relationship Management (CRM) Como función de las relaciones públicas, Amazon Digital Services LLC - Kdp, 29/4/2015

Chuck West. 'Guía del directivo sobre canales de distribución'. Linda Gorchels, McGraw Hill Professional, 7/5/2004

Hamideh Afsarmanesh. 'Redes de colaboración de sistemas cognitivos'. 19th IFIP WG 5.5 Working Conference on Virtual Enterprises, PRO-VE 2018, Cardiff, Reino Unido, 17-19 de septiembre de 2018, Actas, Luis M. Camarinha-Matos, Springer, 9/6/2018

Khalid Hasan. 'Gestión Estratégica del Marketing en Asia'. Casos prácticos y lecciones para todas las industrias, Syed Saad Andaleeb, Emerald Group Publishing, 22/12/2016

Gemma Hereter. 'Introducción al Revenue management para hoteles'. Herramientas y estrategias para maximizar los ingresos de tu propiedad, CreateSpace Independent Publishing Platform, 17/1/2017

Mark Simpson. 'El Libro Direct Playbook'. Di adiós a las OTAs con tácticas de marketing pro-ven para impulsar las reservas directas, Boostly, 1/1/2022

Julian Dent. 'Canales de distribución' Comprender y gestionar los canales de comercialización, Kogan Page Publishers, 6/3/2011

Ajay Das. 'Introducción a la gestión de operaciones'. The Joy of Operations, Routledge, 22/12/2015

Mohamad Y. Jaber. 'Gestión de Inventarios'. Puntos de vista no clásicos, CRC Press, 8/11/2009

Charles W. Chase. 'Previsión en función de la demanda'. Un enfoque estructurado de la previsión, John Wiley & Sons, 16/7/2013

Ger Koole. 'Introducción a la Analítica Empresarial'. Lulu.com, 1/1/2019

Enno Siemsen. 'Previsión de la demanda para directivos'. Stephan Kolassa, Business Expert Press, 17/8/2016

Sabine Kuester. 'EBOOK: Dirección de Marketing'. Christian Homburg, McGraw Hill, 16/12/2012

Robert Phillips. 'Optimización de precios e ingresos'. Stanford University Press, 8/5/2005

Tim J. Smith. 'Estrategia de precios'. Fijación de niveles de precios, gestión de descuentos y establecimiento de estructuras de precios, South-Western Cengage Learning, 1/1/2012

DAVID SANDUA. 'CÓMO CREAR UN HOTEL RURAL DE ÉXITO' Amazon Digital Services LLC - Kdp, 7/23/2023

Robert M. Schindler. 'Estrategias de fijación de precios'. Un enfoque de marketing, SAGE Publications, 15/9/2011

Oliver Raskin. 'Manual de Investigación de Marketing Online: Conocer a tu cliente usando la Red'. Joshua Grossnickle, McGraw Hill Professional, 10/2/2000

Stanislav Ivanov. 'Hotel Revenue management: De la teoría a la práctica'. Zangador, 15/3/2014

Joshua D. Hayes. 'Revenue management para el sector hotelero'. David K. Hayes, John Wiley & Sons, 9/11/2021

Robert G. Cross. 'Revenue management'. Hard-Core Tactics for Market Domination, Crown, 27/4/2011

www.ingramcontent.com/pod-product-compliance
Lightning Source LLC
Chambersburg PA
CBHW070118260726
48658CB00001B/152